역사 속
세기의 로맨스

역사 속 세기의 로맨스
9 공민왕과 노국공주

2014년 3월 13일 초판 1쇄 인쇄
2014년 3월 20일 초판 1쇄 발행

글 박시연 / 그림 유수미
펴낸이 이철규 / 펴낸곳 북스
편집 이은주 / 편집디자인 이종한

편집부 02-336-7634 / 영업부 02-336-7613 / FAX 02-336-7614
홈페이지 http://www.vooxs.kr / 등록번호 제 313-2004-00245호 / 등록일자 2004년 10월 18일

주소 서울특별시 광진구 동일로 4길 32 2층
값 10,800원
ISBN 978-89-6519-065-3 74800
    978-89-6519-043-1 (세트)

잘못된 서적은 구입하신 서점에서 교환하여 드립니다.
이 책은 저작권법에 의해 보호 받는 저작물이므로 불법 복제와
스캔 등 무단 전재 및 유포·공유를 금합니다.

이 도서의 국립중앙도서관 출판시도서목록(CIP)은 서지정보유통지원시스템 홈페이지(http://seoji.nl.go.kr)와
국가자료공동목록시스템(http://www.nl.go.kr/kolisnet)에서 이용하실 수 있습니다.
(CIP제어번호 : CIP2014007083)

역사 속 세기의 로맨스

9 공민왕과 노국공주

글 박시연 그림 유수미

'세기의 로맨스'는 말 그대로 세계가 놀랄 만한 로맨스를 다룬 글입니다.
주인공 이지가 타임 슬립을 통해 과거의 시공으로 떨어지고, 그곳에서 '헨리 8세와 앤 블린', '샤 자한과 뭄타즈 마할', '원효대사와 요석공주' 등 역사에 기록될 만한 강렬하고도 아름다운 사랑을 나눈 주인공들을 만나 함께 기뻐하고 슬퍼하며 사랑을 배워간다는 내용입니다. 이렇게 과거에서 만난 친구들을 통해 사랑의 진정한 의미와 가치를 깨달으며 이지는 조금씩 성장합니다. 그리고 이런 성장을 바탕으로 현실세계에서 자신을 무던히도 괴롭히지만 때때로 묘한 분위기로 헷갈리게 만드는 킹카 중의 킹카 주노와의 사랑을 가꾸어 나갑니다.
세기의 로맨스는 물론 로맨스를 중심으로 하는 시리즈입니다. 하지만 그 시대에 살았던 주인공들의 삶과 사랑을 현실세계에서 온 이지의 눈으로 지켜보고 느끼면서 당시의 역사에 대해 자연스럽게 배우게 됩니다. 그들의 사랑 자체가 역사가 되는 것이지요.

    우리 학생 독자들에게 로맨스는 언제나 중요한 관심거리일 겁니다. 누구나 한 번쯤은 밤하늘의 별을 올려다보며 시크한 왕자님과의 사랑을 꿈꾸고, 또한 거리를 걷거나 지하철을 타고 가다가 첫 사랑과의 우연한 재회를 꿈꾸기도 했겠지요. 세기의 로맨스를 펼치는 순간, 여러분이 기대하는 그런 설렘을 만날 수 있습니다.

    더불어 그들이 어떻게 그런 사랑을 하고, 어떻게 그런 행복 혹은 비극을 맞았는지 그 역사적 배경까지 알게 된다면 더욱 흥미진진하지 않을까요?

박시연

머리말 _6

마음 숨기기 연습 _11

불편한 진실 _33

공민왕과의 만남 _62

몽골의 침공 _84

대초원의 노래 _110

세상에서 가장 슬픈 이별 _137

지킬 수 있는 것과
지킬 수 없는 것 _184

부록 고려의 마지막 개혁 군주 공민왕 _198

1
마음 숨기기 연습

다음 날은 거짓말처럼 비가 그치고 여름 햇살이 얼굴을 내밀었다. 하늘은 파랗고 거리의 풍경은 선명해진 느낌이었다. 이지는 골똘히 생각에 잠긴 채 학교로 향했다.

"어이, 윤이지!"

학교 앞 횡단보도를 건너려던 이지가 부르는 소리에 걸음을 멈추었다. 돌아서는 그녀를 향해 필립이 헐레벌떡 달려왔다. 이지의 입가에 반가운 미소가 걸렸다.

"필립이구나?"

"헉헉…… 아까부터 불렀는데 못 들었어?"

"미안, 생각할 게 좀 있어서."

필립이 한숨을 푹 쉬었다.

"그래서 오늘 아침에 함께 등교하기로 한 약속도 잊었구나?"

"아……!"

그제야 기억을 떠올린 이지가 미안한 표정을 지었다. 그러고 보니 오늘 아침에 필립이 이지의 집으로 데리러 오기로 했던 것이다.

"정말 미안해. 감기 기운이 있어서 그런지 아직 멍해."

"괜찮아. 빨리 가자."

필립이 대수롭지 않게 웃으며 횡단보도를 건넜다. 필립을 따라가는 이지의 안색이 어두웠다. 실은 주노에 대해 생각하느라고 필립과의 약속을 까맣게 잊어버린 것이다. 빗속에 우두커니 서서 필립에게 업혀 있는 자신을 멍하니 바라보던 주노의 모습이 이지의 가슴에 낙인처럼 찍혀 있었다. 이지가 살며시 손을 잡자 필립이 흠칫 돌아보았다. 이지가 필립을 보며 수줍게 중얼거렸다.

"너와 정식으로 사귀겠다는 약속은 잊지 않았어."

"저, 정말?"

이지가 고개를 끄덕이자 필립이 천진하게 웃었다.

"하하…… 그걸 기억한다면 다른 건 몽땅 잊어도 상관없어."

이지와 필립이 손을 잡은 채 나란히 교문을 통과했다. 두 사람을 알아본 학생들이 수군거렸다.

"윤이지와 이필립이잖아?"

"둘이 언제 저런 사이로 발전했지?"

"가만, 윤이지는 주노 선배와 사귀는 사이 아니었나?"

"설마 주노 선배가 차인 거야?"

두 사람이 손을 잡은 채 교실로 들어서자 반애들은 패닉에 빠졌다.

"쟤, 쟤네들 왜 저래?"

"윤이지가 우리 학교의 일대 킹카인 하주노에 이어 이대 킹카 필립까지 낚아챈 거야?"

여학생 몇이 필립과 이지의 앞을 가로막았다.

"너희들 뭐니?"

이지 대신 필립이 재빨리 대답했다.

"뭐가?"

"둘이 사귄다고 공개하는 거야?"

"맞아."

태연히 고개를 끄덕이는 필립을 보며 여학생들은 기가 막힌 표정을 지었다.

"필립, 제정신이야? 이지는 며칠 전까지만 해도 주노 선배와 사귀고 있었다고."

"한번 사귀면 영원히 사귀어야 하는 거야?"

"뭐?"

"한번 사귀면 결혼까지 해야 하는 거냐고?"

"물론 그런 건 아니지만……."

필립이 제법 어른스럽게 말했다.

"우린 아직 어려. 누군가와 사귈 수도 있고, 또 헤어질 수도 있어.

게다가 이지와 하주노가 헤어진 건 순전히 하주노의 잘못이란 사실을 알아두라고."

"……."

할 말을 잃은 여학생들이 필립과 이지를 멍하니 보았다. 여학생들이 고개를 돌려 어찌된 영문인지 침묵을 지키고 있는 세라를 돌아보았다. 여학생 한 명이 세라에게 물었다.

"세라, 넌 아무렇지도 않아?"

세라가 핸드폰에 시선을 고정시킨 채 퉁명스럽게 말했다.

"뭐가?"

"윤이지가 저래도 되는 거냐고?"

그제야 세라가 힐끗 이지 쪽을 보았다. 여학생들이 이제 곧 세라의 입에서 터져 나올 독한 말을 기대하며 그녀를 뚫어져라 바라보았다. 그러나 세라의 입에서는 전혀 뜻밖의 말이 튀어나왔다.

"다른 건 몰라도 윤이지와 하주노가 헤어진 건 순전히 하주노의 잘못이란 말만은 틀림없는 사실이야. 나도 곁에서 지켜봤기 때문에 잘 알고 있지."

"하아……."

여학생들이 실망스런 신음을 흘리고 있을 때, 세라가 스윽 자리에서 일어섰다. 그리고 이지를 향해 곧장 걸어갔다.

"밖에 나가서 잠깐 얘기 좀 나눌 수 있을까?"

"나가지 마."

필립이 재빨리 이지를 말리고 나섰다. 잠시 망설이던 이지가 고개를 살짝 끄덕였다.

"그래, 나가자."

"이지야!"

"괜찮으니까 필립 넌 여기서 기다리고 있어."

아침 햇살이 묘한 각도를 이루며 비추는 복도 끝자락에 서서 세라는 한동안 말이 없었다. 세라와 마주서서 기다리던 이지가 나직이 물었다.

"할 말이 있다고 하지 않았니?"

"미안."

자신이 잘못 들었다고 생각한 이지가 흠칫 놀라며 되물었다.

"뭐?"

"미안하다고."

"세라야……?"

"안 믿을지도 모르지만 실은 걱정 많이 했어. 네가 산속에서 사라졌을 때 말이야."

"세라야……, 정말 고마워……."

눈물을 글썽이는 이지를 보며 세라가 미간을 찌푸렸다.

"너는 그게 문제야. 너무 착한 척을 하니까 내가 더 못돼 보이잖아. 어쨌든 난 사과했다. 하주노도 깨끗이 포기했으니까 사귀든 말든 네

멋대로 하라구."

세라가 손을 흔들며 교실을 향해 돌아섰다. 창문을 통해 들어온 수십 가닥의 선명한 빛살을 스쳐 멀어지는 세라의 뒷모습을 지켜보며 이지가 중얼거렸다.

"세라 넌 여전히 나의 절친이야."

흐뭇한 기분으로 교실로 돌아오던 이지의 표정이 순식간에 굳어졌다. 교실 앞쪽에 대치하듯 서 있는 주노와 필립의 모습을 발견했기 때문이다. 반애들이 흥미진진한 표정으로 두 사람을 지켜보고 있었다.

이지를 발견한 주노가 성큼성큼 다가왔다.

"윤이지, 잠깐 얘기 좀 나눌 수 있을까?"

정신을 차린 이지가 냉담하게 대답했다.

"지금 굉장히 바빠요."

동시에 교실 여기저기서 탄성이 새어나왔다. 하주노가 얘기를 나누자는데 거절하다니, 그 자체로 쇼킹한 일이었던 것이다.

주노의 목소리가 사정조로 바뀌었다.

"아주 잠깐이면 돼."

"미안해요, 선배."

"이지야, 그러지 말고……."

순간 필립이 다가와 주노의 팔을 붙잡았다.

"싫다는데 왜 자꾸 귀찮게 하는 거야?"

주노가 팔을 뿌리치며 필립을 쏘아보았다. 필립도 험악한 표정으로 주노를 보았다. 두 사람이 서로를 노려보면서 교실의 공기가 싸늘하게 얼어붙었다. 일촉즉발의 순간, 이지가 빽 소리 질렀다.

"여기서 이러지 말고 나가서 얘기해요!"

교실 밖에서 이지와 주노는 마주 섰다. 반애들이 창문 틈으로 두 사람을 훔쳐보고 있었다.

주노가 이지의 눈을 들여다보며 긴장된 목소리로 물었다.

"산속에서 했던 말 기억해?"

"기억해요."

"필립과…… 사귈 생각이야?"

잠시 망설이던 이지가 주노를 외면하며 말했다.

"예."

"내 눈을 똑바로 보면서 얘기해!"

주노가 팔을 와락 움켜잡자 이지는 흠칫 놀랐다.

"……!"

이지가 눈을 부릅뜨고 주노의 얼굴을 보았다. 이지의 눈동자가 불안하게 흔들렸다.

"아아…… 나는……, 나는……."

이때 필립의 고함소리가 들렸다.

"그 손 치우지 못해?"

흠칫 돌아서는 주노의 정면에서 필립이 주먹을 날리며 덤벼들었다.

"으윽!"

필립의 주먹에 맞은 주노가 이지의 팔을 놓고 물러섰다. 필립이 그런 주노를 쫓아가며 주먹을 마구 휘둘렀다.

"자기만 생각하는 이기적인 자식!"

"싸우지 마! 폭력은 안 돼!"

이지가 발을 동동 구르며 소리쳤지만 흥분한 두 사람을 말릴 수는 없었다. 이때 주노가 고개를 살짝 숙여 필립의 주먹을 피했다. 그리고 필립의 텅 빈 옆구리에 주먹을 꽂았다. 입을 쩍 벌린 채 필립이 힘없이 무릎을 꿇었다. 이지가 필립을 향해 달려갔다.

"필립, 괜찮아?"

"괘, 괜찮아."

숨을 헉헉거리는 필립을 등을 쓸어주던 이지가 주노를 홱 째려보았다.

"무슨 짓이에요?"

"너도 봤잖아. 녀석이 먼저 주먹을 휘둘렀다고."

주노가 억울한 표정을 지었지만 이지의 눈빛은 차가웠다.

"선배의 진짜 문제가 뭔 줄 알아요? 이런 식으로 늘 자기만 생각하고, 다른 사람의 마음은 신경 쓰지 않는다는 거예요."

"……"

황당한 표정을 짓던 주노가 이를 악물고 말했다.

"지금 내 앞에서 필립 녀석만 편드는 거야? 좋아, 나도 이제 더 이상 네게 매달리지 않겠어."

 찬바람을 일으키며 돌아서는 주노의 뒷등을 이지가 망연히 바라보았다. 이지는 주노를 붙잡고 싶었다. 방금 전에는 내가 너무 심했다고 사과하고 싶었다. 하지만 그럴 수는 없었다. 이마에 땀방울이 송글송글 맺힌 채 자신의 안색을 살피는 필립의 마음을 다시 아프게 할 수는 없기 때문이다.

 '그래, 차라리 잘된 일인지도 몰라. 하주노와 이쯤에서 헤어지는 게 여러 사람을 위해 좋은 일일 거야.'

 방과 후, 주노는 곧장 압구정의 기획사로 향했다. 기획사 현관문을 열고 들어가다가 그는 송 사장과 마주쳤다.
 "오, 주노. 오늘 웬일로 이렇게 일찍 나왔어?"
 반색하는 송 사장을 향해 주노가 무뚝뚝하게 말했다.
 "연습실에 댄스 팀 와 있나요?"
 "물론이지. 하주노의 복귀 콘서트를 위해 맹연습 중이야."
 "알겠습니다."
 자신을 스쳐 지나가는 주노를 향해 송 사장이 물었다.
 "설마 이 시간부터 연습 시작하려고?"
 "콘서트까지 한 달밖에 안 남았다며 땀을 더 흘리라고 말한 사람은 사장님이잖아요?"
 "그건 그런데……."

송 사장은 주노의 내면에 무언가 변화가 생겼음을 눈치챘다. 어떤 식의 변화인지 확신할 순 없었지만 한 가지만은 분명했다. 주노가 이제야 복귀를 제대로 준비할 마음이 생겼다는 것. 이때 치프매니저가 로비를 가로질러 헐레벌떡 달려왔다.

"가시죠, 사장님. 약속 시간에 늦겠습니다."

"오늘 약속 취소해라."

"예에?"

치프매니저의 눈이 휘둥그레졌다. SDS 방송국 예능국장과의 중요한 약속이었기 때문이다. 송사장이 엘리베이터를 향해 걸음을 옮기며 말했다.

"당분간은 회사의 역량을 총동원해 하주노의 콘서트에 집중하는 게 좋겠어."

널찍한 연습실에서 강한 비트의 음악이 울려퍼졌다. 송 사장과 치프매니저와 댄스 선생이 지켜보는 가운데 주노가 다섯 명의 댄스 팀과 함께 땀을 뻘뻘 흘리며 안무에 열중하고 있었다. 주노와 팀원들은 팔과 다리를 로봇처럼 꺾으며 절도 있게 브레이크댄스를 추었다. 주노가 앞으로 나서더니 현란하게 춤을 추기 시작하자 송 사장과 치프매니저의 입에서 감탄사가 새어나왔다.

"으음…… 정말 대단하군."

"주노 녀석, 일 년 넘게 쉬었다는 게 믿어지지 않는데요."

송 사장의 입가에 흡족한 미소가 피어올랐다.

"천재가 괜히 천재인가. 일 년 쉰 게 오히려 잘된 일일 수도 있어. 사실 3P는 하주노라는 천재를 담아두기엔 너무 작은 그릇이었거든."

이때 주노와 다섯 팀원들이 쓰러지듯 몸을 눕히더니 한 손으로 바닥을 짚었다. 그 상태에서 다리를 최대한 V자로 벌리며 회전하는 토마스 기술을 선보였다.

"와아아……!"

송 사장과 치프매니저가 다시 환호했다. 다리를 회전시키는 주노의 속도는 점점 빨라졌다. 댄스 팀원들이 오히려 주노의 속도를 따라가느라 애를 먹고 있는 듯이 보였다. 주노의 움직임을 쫓는 송 사장도 눈알이 빙글빙글 돌아버릴 지경이었다.

"주노야, 이제 충분하다. 잠시 쉬도록 해라."

하지만 주노는 송 사장의 말을 듣지 않았다. 오히려 회전하는 속도를 점점 높였다. 마침내 다섯 명의 팀원 모두 녹다운되고 말았다. 혼자 미친 듯이 춤추던 주노가 한참만에야 멈추었다.

짝짝짝짝.

손등으로 이마의 땀을 닦으며 몸을 일으키는 주노를 향해 송 사장이 박수를 치며 다가왔다. 송 사장이 주노에게 타월을 건네며 흥분한 목소리로 말했다.

"주노야, 고생했다. 춤이 정말 멋지더구나."

"아직 멀었어요."

"아니야, 내일 당장 무대에 올라가도 될 정도야."
"콘서트까지 정확히 며칠이나 남았죠?"
"이십팔 일 남았지?"
송 사장이 묻자 치프매니저가 고개를 끄덕였다.
"흐음, 이십팔 일이라……."
턱을 매만지며 중얼거리던 주노가 확고한 표정으로 말했다.
"연습시간을 늘려야겠어요. 이제부턴 저도 댄스 팀과 함께 연습실에서 먹고 잘게요."
"저, 정말?"
감동받은 표정의 송 사장을 향해 주노가 고개를 까닥였다. 송 사장이 믿기지 않는 듯 주노의 얼굴을 들여다보았다. 주노는 상처 입은 사람의 눈빛을 하고 있었다. 대체 무슨 일이 있었는지 캐물으려다가 관두기로 했다.
'주노에게 무슨 일이 있었는지는 중요하지 않아. 중요한 건 천재 하주노가 노력까지 하기 시작했다는 거지. 장담하건대, 이번 콘서트는 대박이 터질 거야.'

노을이 유난한 여름 저녁, 이지는 필립의 방에서 함께 숙제를 하고 있었다. 곧 기말고사인지라 필립은 테이블 앞에 앉아 정신없이 수학 문제를 풀었다. 문득 고개를 들고 맞은편을 쳐다본 필립이 눈살을 찌푸렸다. 이지가 볼펜을 쥔 채 멍한 눈으로 창밖의 노을을 바라보고 있었기 때문이다. 이지의 얼굴은 쓸쓸해 보였다. 그리고 이지가 왜 쓸쓸한지 알고 있는 필립도 마음이 무거워졌다.

"!"

필립의 시선을 느낀 이지가 멈칫했다. 이지가 어색하게 웃으며 사과했다.

"미, 미안. 잠시 다른 생각에 빠져 있었어."

"무슨 생각?"

불안한 듯 묻는 필립의 얼굴을 물끄러미 바라보던 이지가 고개를 떨궜다.

"내게 조금만 더 시간을 주면 안 될까?"

"……."

"아직은 주노 선배의 얼굴이 머릿속에서 사라지질 않아. 이런 나를 이기적인 아이라고 욕해도 할 말은 없어."

필립이 낮은 한숨을 내쉬며 말했다.

"이기적인 사람은 바로 나야."

"필립……."

스윽 고개를 드는 이지의 눈을 똑바로 쳐다보며 필립이 우울하게 중얼거렸다.

"네가 주노 선배를 잊지 못한다는 걸 알면서도 억지로 잡아두고 있잖아. 하지만 네가 떠난다고 생각하면 나도 이젠 견딜 수가 없을 것 같아서……, 그래서……."

이지가 팔을 뻗어 필립의 손을 잡았다. 필립의 따스한 체온을 느끼며 이지가 미소 지었다.

"어려서부터 나는 미련이 많은 아이였어. 친구를 사귀면 늘 그 아이하고만 놀려고 했고, 인형을 사면 너덜너덜해질 때까지 그것만 품고 잠들었지. 내 마음속에서 하주노가 사라지지 않는 것도 아마도 그래서일 거야. 하지만 조금만 더 시간을 주면 완전한 필립의 여친이 될 수 있을 거야."

"나는 얼마든지 기다릴 수 있어."

"고마워, 필립."

이지와 시선을 마주치고 있던 필립이 문득 생각난 듯 말했다.

"그나저나 하주노는 복귀 콘서트가 한 달도 채 남지 않았는데, 잘하고 있는지 모르겠군."

필립의 안색을 살피며 이지가 물었다.

"설마 주노 선배를 걱정하고 있는 거야?"

"어쨌든 한때는 같은 그룹의 멤버였으니까."

필립의 눈빛이 아련해지는 것을 느끼며 이지가 고개를 갸웃했다.

"필립은 혹시…… 3P 시절로 돌아가고 싶은 거야?"

"으음……."

골똘히 생각하던 필립이 피식 웃었다.

"사실 행복한 시절이었어. 그때는 하주노도 지금처럼 괴팍하지 않았어. 팀의 리더로서 막내인 나한테 정말 잘해주었지."

"그런데 왜 갑자기 해체를 발표한 거야?"

필립이 표정을 굳히며 고개를 가로저었다.

"나도 잘 몰라. 어느 날 갑자기 또 한 명의 멤버였던 유찬 형을 미친 듯이 두들겨 패더니, 다음 날 곧장 해체를 발표해버렸거든."

"유찬이란 멤버와는 왜 싸웠는데?"

"그걸 모르겠어. 두 사람 다 이유를 말해주지 않았으니까. 분명 하주노가 잘못했을 거야. 유찬 형은 굉장히 순한 사람이었거든. 그날도 유찬 형이 일방적으로 폭행을 당했다고."

턱을 어루만지며 생각에 잠겨 있던 이지가 불쑥 물었다.

"유찬이란 사람은 지금 어디서 뭐해?"

"3P가 해체된 후 공무원인 아빠를 따라 부산으로 내려갔다고 들었어. 그 이후로는 연락 한번 못 해봤지."

"그렇구나."

이지가 무언가 찜찜한 표정으로 고개를 끄덕였다.

필립의 집을 나섰을 때는 밤이 시작되고 있었다. 하늘은 검푸른 빛깔로 변하고, 지상에선 하나둘 불이 밝혀졌다. 이지는 불야성을 이룬 번화가를 걸어 집으로 향했다. 어느 순간부터 발걸음이 조금씩 느려졌다. 그러다가 이지는 논현로 중간쯤에서 우뚝 멈춰 섰다. 정면을 뚫어져라 응시하던 이지가 홱 돌아서더니 압구정 방향으로 뛰어가기 시작했다.

"한 번만이야! 마지막으로 딱 한 번만 보고 오는 거야!"
숨을 헐떡이며 이지는 스스로에게 다짐하고 있었다.

"주노 도련님은 집에 안 계시는데? 오늘부터 기획사에서 밤샘연습을 한다고 하셨거든."
인터폰을 통해 메이드 아줌마의 목소리를 들으며 이지는 힘이 쭉 빠지는 것을 느꼈다. 온몸이 땀투성이가 되도록 달려왔지만 주노를 만날 수가 없는 것이다. 눈물이 흐를 정도의 실망감과 함께 안도감이 밀려들었다. 이지가 어깨를 늘어뜨린 채 돌아서며 혼잣말을 했다.
"어쩌면 더 이상 하주노에게 미련을 갖지 말라는 신의 계시일지도 몰라."
집으로 가기 위해 이지는 버스정류장으로 향했다. 정류장은 학원으로 향하는 교복 차림의 학생들로 붐볐다. 이지도 그들 틈에 끼어 버스를 기다렸다. 잠시 후, 버스 한 대가 이지 앞에 정지했다. 버스 앞 차창에 '압구정역'이라는 푯말이 붙어 있었다. 순간 이지는 저도 모르게 주노의 기획사가 압구정역 근처에 있다는 쓸데없는 기억을 떠올렸다. 강렬한 갈등이 순식간에 이지의 마음을 짓눌렀다. 버스에 올라타고 싶은 충동을 억누르느라 피가 배어나올 정도로 입술을 깨물어야 했다. 버스의 앞문이 닫힐 때까지의 시간이 영원처럼 길게 느껴졌다.
"후아아……."

버스가 출발하자, 이지는 안도의 한숨을 내쉬었다.

"스톱! 스톱!"

끼익.

이때 웬 남학생이 달려오며 차체를 두드리자 버스가 정지했다. 버스의 앞문이 다시 덜컹 열리고 남학생이 올라탔다. 활짝 열린 버스 입구를 뚫어져라 바라보던 이지가 더 이상 참지 못하고 뛰어올랐다.

그 시각, 주노는 연습실에서 땀을 흘리고 있었다. 입으론 자신의 신곡을 흥얼거리며 맹렬히 춤을 추는 주노의 뒤에 선 다섯 명의 댄스 팀원들의 얼굴은 사색으로 변해 있었다. 그들은 주노 때문에 벌써 여섯 시간째 쉬지 못하고 춤을 추고 있었던 것이다.

"에잇, 더 이상은 못 해!"

댄스팀 리더가 갑자기 춤을 멈추며 소리쳤다. 동시에 나머지 팀원들도 멈춰 섰다. 주노가 눈을 치켜뜨고 팀원들을 돌아보았다.

"왜들 그래?"

리더가 따지듯이 말했다.

"그걸 몰라서 물어? 우린 여섯 시간 동안 채 십분도 쉬지 못했어. 우린 로봇이 아니란 말이야."

주노도 표정이 굳어졌다.

"콘서트까지 채 한 달도 안 남았어. 지금도 연습 시간이 부족하다고."

"흥, 솔직히 너의 복귀 콘서트지 우리를 위한 무대는 아니잖아?"

"!"

주노가 꿈틀하며 리더를 쩨려보았다.

"노려보면 어쩔 건데? 하주노 너 열일곱이지? 난 열여덟이야, 인마."

"형 대접을 받고 싶으면 능력을 보여 봐. 어린애처럼 툴툴거리지만 말고."

화가 치민 리더가 주먹을 쳐들었다. 하지만 주노가 먼저 바람처럼 파고들며 리더의 턱에 어퍼컷을 꽂았다.

"우욱!

리더가 벌러덩 넘어갔다. 큰 대자로 뻗어버린 리더를 나머지 팀원들이 질린 듯이 내려다보았다. 주노가 살벌하게 눈을 빛내며 물었다.

"또 불만 있는 사람?"

"……"

주노가 리더의 멱살을 잡아 일으키며 으르렁거렸다.

"솔직히 난 지금 미쳐버리기 일보직전이야. 순전히 미치지 않기 위해서 몸부림치고 있는 거니까 제발 건들지 마라, 응?"

깊은 절망감이 느껴지는 주노의 눈을 보며 리더가 정신없이 고개를 끄덕였다.

이지는 연습실 밖에서 주노의 모습을 훔쳐보고 있었다. 이지도 주노의 눈가에 어린 절망의 그림자를 보았다. 가슴이 갈가리 찢겨지는 듯 아팠다. 열네 살 이지는 누구의 마음도 다치게 하고 싶지 않은 착

한 소녀였다. 하지만 난생 처음 특별한 감정을 느낀 상대에게 깊은 상처를 남기고 말았다. 어쩌면 '세기의 로맨스'를 얻은 것은 축복이 아니라 저주였는지도 모른다. 차라리 과거의 시간으로 떨어져 영원히 돌아오지 않는 게 나을지도.

'주노 선배, 제발 힘들어 말아요. 선배가 힘들면 나도 견디기 힘들어져요.'

뿌예진 시선으로 주노를 바라보며 이지가 마음속으로 기도했다. 이때 주노가 가방을 챙겨들고 입구 쪽으로 향하는 게 보였다. 이지가 재빨리 맞은편 유리문을 열고 들어가 몸을 숨겼다. 주노가 이지가 숨은 방을 스쳐 걸어갔다. 이지도 조용히 문을 열고 나와 주노를 쫓아가기 시작했다.

늦은 시간인지라 행인들이 뜸해진 거리를 주노가 힘없이 걸어가고 있었다. 이지는 약간의 거리를 두고 주노를 따라 걸었다. 주노를 만나겠다는 생각은 이미 포기했다. 얼굴을 마주하면 도저히 마음을 숨길 수 없을 것 같았기 때문이다. 다만, 주노가 저택으로 들어갈 때까지만 뒷모습이라도 바라보며 걷고 싶었다.

"아……!"

한동안 걸어가던 이지의 입술 사이로 신음이 새어나왔다. 그제야 주노의 어깨가 들썩이고 있는 걸 발견한 것이다. 천하의 하주노가 거리를 걸으면서 울고 있었다. 자기처럼 보잘 것 없는 아이를 위해 하염없이 눈물을 흘리고 있었다. 이지의 눈에서도 눈물이 주르륵 흘렀

다. 서로를 진심으로 좋아하지만 헤어질 수밖에 없는 두 사람이 눈물을 흘리며 여름이 깊어지는 거리를 걷고 있었다. 행인들이 이상하다는 듯 주노와 이지의 얼굴을 힐끔거리며 지나갔다. 하늘의 별도 슬퍼하는 것 같았고, 거리 전체가 눈물에 잠긴 것처럼 흐려 보였다. 비로소 이지는 인정할 수밖에 없었다. 누군가를 좋아하는 마음은 이성적인 판단이나 결심으로 바꿀 수 없다는 사실을. 이지가 울먹이는 소리로 중얼거렸다.

"미안해, 필립. 나는 도저히 하주노를 잊을 수 없을 것 같아."

2
불편한 진실

"늦은 시간까지 어딜 싸돌아다니다 온 거야? 핸드폰은 왜 또 받지 않고? 가만, 이지 너 울었니?"

밤늦게 눈이 퉁퉁 부어 집으로 돌아온 이지는 엄마에게 잔소리부터 들어야 했다. 이지는 엄마가 노련한 심문관처럼 꼬치꼬치 캐묻기 전에 서둘러 자리를 피했다.

그날 새벽까지 이지는 세기의 로맨스를 펼쳐 읽었다. '공민왕과 노국공주'의 서글픈 사랑 이야기를 읽으며 이지는 또 눈물을 흘렸다. 주노가 공민왕처럼 느껴졌고, 자신은 노국공주처럼 느껴졌다. 책장을 눈물로 적시다가 새벽녘이 되어서야 간신히 잠들 수 있었다.

다음 날은 토요일이었다. 늦게까지 침대에서 웅크리고 있다가 가까스로 일어난 이지는 거울 앞에 서서 비명을 질렀다.

"꺄악, 괴물이다!"

밤새 눈물을 흘린 탓에 눈두덩이 튀어나올 정도로 부풀어 오른 이지는 꼭 이구아나처럼 보였다. 얼음주머니로 눈두덩을 문지르며 이지가 컴퓨터를 켰다. 그리고 아직도 맹렬히 활동 중인 3P 팬카페로 들어갔다. 팬카페에 '유찬의 최근 근황'이란 키워드를 입력하자 정보가 죽 떠올랐다. 이지는 필립에게서 들은 이야기를 근거로 주로 부산 쪽에서 올라온 정보들을 검색했다. 그리고 마침내 해운대의 한 주상복합아파트에 살고 있다는 광팬이 올린 글에서 유찬이 가족과 함께 자신과 같은 동에 살고 있다는 믿을 만한 정보를 뽑아냈다. 이지가 곧장 주방에서 설거지를 하고 있는 엄마를 향해 다급한 목소리로 말했다.

"엄마, 나 돈 좀 줘."

"무슨 돈? 참고서 사게?"

"아니, 부산 좀 다녀오려고. KTX 타고 갔다 올 거니까 넉넉히 좀 줘."

"얘가 눈은 퉁퉁 부어가지고 웬 자다가 봉창 두드리는 소리야? 부산은 왜 갑자기 가겠다는 건데?"

"친구 만나러."

"네가 부산에 무슨 친구가 있어?"

"초등학교 때 단짝 친구가 그쪽으로 이사 갔단 말이야. 그 친구가 곧 이민을 가게 됐다면서 나를 꼭 한번 보고 싶다는 거야. 그러니까 제발 돈 좀 주라, 응?"

"얘가 정말……."

순간적으로 지어낸 거짓말에 엄마는 넘어간 눈치였다. 툴툴거리면서도 엄마는 쌈짓돈을 꺼내 이지의 손에 쥐어주었다. 그리고 이지의 눈을 들여다보며 신신당부했다.

"부산은 먼 곳이니까 조심히 다녀와야 한다. 친구의 얼굴만 보고 금방 돌아오는 거 잊지 말고."

"옛썰!"

씩씩하게 대답하며 이지가 도망치듯 집을 빠져나왔다. 그리고 곧장 전철을 타고 서울역으로 향했다. 서울역에서 표를 끊은 이지가 부산행 KTX에 올라 탄 것은 정확히 오전 열시였다.

점심시간이 살짝 지나서 이지는 부산에 도착했다. 부산은 피서객들로 들썩이고 있었다. 코발트빛 파도가 일렁이는 해운대 모래사장 너머에 하늘을 찌를 듯한 주상복합 아파트들이 늘어서 있었다. 이지가 팬카페에서 확인한 아파트로 곧장 향했다.

검은 양복 차림의 경비원이 로비로 들어서는 이지를 막아섰다.

"어떻게 왔니?"

"1508호의 유찬 오빠를 만나러 왔는데요."

"1508호? 유찬 학생과는 어떤 사이인데?"

의심스런 표정을 짓는 경비원을 향해 이지가 빙그레 웃었다.

"학교 후배예요."

"호오……."

아무래도 안으로 들어가려고 했다간 위에 연락해 신분부터 확인할 것 같아 이지는 재빨리 말했다.

"인터폰으로 유찬 오빠만 불러주세요. 학교 후배가 왔다고 하면 알 거예요."

"알았다."

경비원이 안내데스크로 다가가 인터폰 수화기를 들었다. 등을 돌린 채 누군가와 대화를 나누는 경비원을 이지가 초조한 듯 지켜보았다.

"유찬 학생이 곧 내려온다는구나."

"후우우……."

수화기를 내려놓고 돌아서는 경비원을 보며 이지가 안도의 한숨을 내쉬었다. 잠시 후, 엘리베이터가 열리며 주노와 필립의 중간쯤 키에 잘생긴 얼굴의 유찬이 나타났다. 팬카페에 떠 있는 사진을 통해 얼굴을 익힌 이지가 반갑게 팔을 흔들었다.

"선배! 여기예요, 선배!"

유찬이 이지에게 다가오며 고개를 갸웃했다.

"우리 학교 후배라고?"

"예."

"그런데 왜 얼굴을 모르겠지?"

"선배, 우리 일단 나가서 얘기해요."

수상쩍은 눈으로 지켜보는 경비원을 피해 이지가 유찬을 팔을 잡아

끌었다.

이지와 유찬은 모래가 하얗게 반짝이는 해변을 한동안 말없이 걸었다. 유찬이 이지를 돌아보며 히죽 웃었다.

"그만 뜸 들이고 얘기하시지."

"예?"

"너 고백하러 온 거잖아. 그게 아니면 얼굴도 모르는 후배가 우리 집까지 찾아올 리가 없지."

"하하."

기가 막힌 이지가 실소했다. 유찬은 주노나 필립에 비해 허영심이 조금 있는 것 같았다. 이지가 걸음을 멈추고 유찬을 향해 돌아섰다. 그리고 그의 기대에 어긋나는 고백을 했다.

"실은 저는 유찬 오빠의 후배가 아니에요."

유찬의 눈이 휘둥그레졌다.

"후배가 아니라고? 그럼 대체 누군데?"

"저는 하주노 선배의 후배예요. 필립의 친구이기도 하고요."

"하주노와 필립이라고……?!"

유찬이 충격을 받은 듯 입을 벌렸다. 유찬의 표정이 이내 냉담하게 변했다.

"그럼 서울에서 날 만나러 왔단 말이야?"

"예."

"무슨 용건으로? 혹시 주노나 필립이 보냈냐?"

"아뇨, 두 사람은 제가 부산에 온 줄도 몰라요."

"……?"

어리둥절한 유찬의 얼굴을 이지가 조용히 응시했다. 수영복 차림의 오빠와 언니들이 꺄르르 웃으며 두 사람의 옆을 스치고 지나갔다. 유찬과 시선을 마주한 채 이지가 나직이 물었다.

"일 년 전 주노 선배는 정확히 이유도 밝히지도 않은 채 오빠를 폭행했어요. 그리고 다음 날 바로 3P의 해체를 발표해버렸죠. 그래서 저는 두 사람의 싸움과 3P의 해체 간에는 깊은 관계가 있다고 믿고 있어요. 그날 대체 무슨 일이 있었던 거죠?"

유찬이 입을 반쯤 벌린 채 탐정처럼 눈을 반짝이는 이지의 얼굴을 바라보았다. 심하게 흔들리는 유찬의 눈동자를 보며 이지는 자신이 핵심을 정확히 짚었음을 느꼈다. 하지만 유찬은 고개를 완강히 가로저었다.

"아무 일도 없었어. 하주노 그 자식은 원래 제멋대로였으니까, 3P의 해체도 멋대로 결정해버렸겠지. 더 이상 할 말 없으니 난 그만 가 볼게."

싸늘한 얼굴로 돌아서는 유찬의 앞을 이지가 황급히 막아섰다.

"잠깐만요!"

"왜 또?"

"저는 주노 선배를 잘 알아요. 까칠하긴 하지만 이유 없이 주먹을 휘두르는 사람이 아니에요. 제멋대로 행동하는 것처럼 보여도 남에게 피해를 입히는 짓은 끔찍이 싫어하죠. 그러니까 그날 무언가 큰일이 있었기 때문에 3P를 해체하기로 마음먹은 게 분명해요."

유찬이 비웃듯이 말했다.

"꼭 주노의 매니저처럼 얘기하는구나. 너도 하주노한테 푹 빠진 정신 나간 아이들 중 하나겠지."

유찬이 노골적인 적의를 드러내며 힘주어 말했다.

"네가 아무리 믿고 싶어 하지 않아도 하주노는 자기만 아는 이기적인 녀석이야."

"유찬 오빠는 지금 거짓말을 하고 있어요."

"억지 부리지 말고 그만 가라."

유찬이 이지를 거칠게 밀치고 걸음을 옮겼다. 이지가 그의 팔을 붙잡고 늘어졌다.

"그러지 말고 진실을 얘기해줘요. 이건 한 사람의 목숨이 걸린 문제라고요."

"누구의 목숨이 걸렸는데?"

이죽거리는 유찬을 보며 이지가 정색했다.

"바로 나의 목숨이에요."

"뭐라고?"

"오빠가 진실을 말해주지 않으면 나는 진심으로 좋아하는 사람과 헤어져야 해요. 그러니까 나한텐 목숨이 걸린 만큼 중요한 문제라고요."

기가 막힌 듯 이지를 보던 유찬이 거칠게 손을 뿌리쳤다.

"뭐 이런 게 다 있어."

"오빠! 오빠!"

"따라오지 마. 계속 따라오면 정말 혼난다."

유찬의 경고에도 아랑곳하지 않고 이지는 끈질기게 그를 쫓아다녔다. 서울로 돌아가야 할 시간이 얼마 남지 않았기 때문에 창피한 걸 따질 겨를 따윈 없었다. 이지는 유찬이 친구를 만나는 패스트푸드점에 불쑥 나타나고, PC방에 있는 유찬의 옆자리에 앉았으며, 유찬의 학원까지 쫓아갔다.

"너 이리 나와."

결국 화가 폭발한 유찬이 학원 밖으로 이지를 거칠게 끌고나갔다. 유찬이 한대 칠 듯한 표정으로 으르렁거렸다.

"계속 귀찮게 할래?"

"제발 부탁해요. 주노 선배와 무슨 일이 있었는지 얘기해주세요."

"이이……!"

이를 악물고 이지를 노려보던 유찬이 갑자기 표정을 풀며 피식 웃었다.

"좋아, 소원이라면 얘기해줄게."

"정말요?"

"가방 챙겨서 나올 테니까 여기서 꼼짝 말고 기다려."

"알겠어요."

이지가 들뜬 표정으로 현관 안으로 사라지는 유찬의 뒷모습을 보았다. 드디어 일이 해결될 것 같다는 생각에 이지는 먼 길을 달려온 보람을 느꼈다.

십 분쯤 지났을 때 이지는 다시 초조해졌다. 금방 나온다던 유찬이 나타나지 않았기 때문이다. 더 이상 참을 수 없게 된 이지가 현관 안으로 들어갔다. 순간 이지는 막 뒷문으로 빠져나가고 있는 유찬을 발견했다.

"오빠, 어디 가요?"

"으윽! 들켰다!"

유찬이 뒷문으로 냅다 뛰어나갔다. 이지도 유찬을 따라 달려 나갔다.

"오빠, 거기 서 봐요!"

유찬이 행인들을 헤치며 오후의 부산 거리를 미친 듯이 달렸다. 이지도 그런 유찬을 쫓아 달음박질쳤다. 여자가 남자의 속도를 따라잡기란 쉬운 일이 아니다. 하지만 이지는 너무도 절박했기에 포기할 수 없었다. 다행히 거리를 가득 메운 행인들이 유찬과 이지의 거리가 완전히 벌어지는 것을 막아주었다.

"헉…… 허억……."

숨이 턱에 찬 상태에서도 이지는 쉬지 않고 부지런히 다리를 움직였다. 과부하가 걸린 심장이 터질 듯 박동했다. 가슴이 답답하고 목구멍 안쪽에선 피 냄새가 넘어왔다. 이지는 체력적으로 한계에 도달

했음을 알아차렸다. 그래도 그녀는 멈추려고 하지 않았다.

"심장이 터져버리는 한이 있어도 포기하지 않을 거야."

이를 악물고 쫓아오는 이지를 유찬도 숨을 헐떡이며 돌아보았다.

"뭐 처런 게 다 있지? 저거 여자야, 남자야?"

유찬이 사거리에서 급히 오른쪽으로 방향을 틀었다. 다행히 이쪽은 사람이 적고 한산했다. 덕분에 유찬은 이지와의 거리를 어느 정도 벌릴 수 있었다.

"헤헤! 이젠 못 따라오겠지?"

유찬이 여유 있게 웃으며 뒤를 돌아보았다. 동시에 유찬은 그 자리에 우뚝 멈추고 말았다. 저 멀리서 우두커니 서 있는 이지를 발견했기 때문이다. 드디어 힘이 다한 듯 이지는 달리기를 멈춘 채 눈물을 뚝뚝 흘리고 있었다.

"쳇, 내가 알 게 뭐야?"

돌아서서 몇 걸음 옮기던 유찬이 다시 멈춰 섰다. 움켜쥔 두 주먹을 부르르 떨던 유찬이 몸을 휙 돌려세웠다.

"젠장, 정말 귀찮은 녀석이라니까!"

유찬이 이지를 향해 똑바로 걸어갔다. 그리고 이지 앞에 우뚝 멈춰 서서 쏘아붙였다.

"왜 우냐?"

이지가 손등으로 눈물을 훔치며 울먹였다.

"그냥 오빠를 따라잡을 수 없는 게 분해서……."

"너 정말 대책 없는 아이구나. 여자가 남자의 속도를 쫓아올 수 없는 건 당연한 거라구."

"오빠."

"왜?"

"이제 그만 진실을 말해줘요."

눈물 젖은 이지의 얼굴을 들여다보던 유찬이 한숨을 푸욱 내쉬었다.

"알았으니까 따라와."

해운대는 어느새 노을에 물들고 있었다. 멀리 수평선부터 선홍빛으로 물드는가 싶더니 붉은빛이 하늘 전체로 번졌다. 하늘도, 바다도, 해변도 전혀 다른 분위기를 풍기기 시작했다. 이지와 유찬은 온몸을 붉게 물들인 채 바다를 바라보며 서 있었다. 유찬이 아직 입을 열지 않았지만 이지는 인내심을 갖고 기다리기로 했다. 유찬이 한참만에야 낮게 깔리는 소리로 말하기 시작했다.

"3P의 전성기는 대단했지. 수많은 소녀 팬들이 우리에게 열광했지만 그중에서도 특히 주노의 인기가 대단했어. 여학생들은 주노를 좀 더 가까이서 보려고 우리의 뒤를 졸졸 쫓아다녔는데 그중에 특히 예쁜 아이가 하나 있었어. 이름은 주성은. 찰랑거리는 단발머리와 살짝 까진 입술 사이로 보이는 덧니가 청순해 보이는 아이였지."

이지가 살짝 불안한 표정으로 물었다.

"그 성은이란 여학생과 주노 선배 사이에 무슨 일이 있었나요?"

"아니, 일은 나하고 있었어."

"그게 무슨……?"

"솔직히 그때 나는 주노를 심하게 질투하고 있었어. 똑같이 노력하는데 주노만 인기를 독차지한다고 불만을 품었지. 실제로는 주노 덕분에 3P 전체가 살아났는데 말이야. 성은이가 특히 나의 질투심에 기름을 끼얹었어. 부잣집 딸인데다가 청순해 보이는 성은이가 주노의 얼굴이라도 한번 보려고 우리 밴을 졸졸 쫓아다니는 모습이 그렇게 보기 싫었거든."

"으음……."

이지가 이해한다는 듯이 고개를 끄덕였다. 유찬은 어금니에 힘을 주며 말을 이었다.

"그래서 결국 사고를 치게 되었어."

"사고라면 어떤……?"

"성은이에게 주노가 개인적으로 만나고 싶어 한다고 거짓말했어. 성은이는 당연히 뛸 듯이 기뻐하더군. 성은이에게 며칠 후 밤에 우리 숙소로 은밀히 찾아오라고 말했어. 주노가 기다리고 있을 거라면서."

"그래서요?"

나직이 묻는 이지의 목소리가 살짝 갈라졌다.

"성은이가 왔을 때, 숙소에서 기다리고 있는 것은 주노가 아니라 바로 나였어. 마침 주말이라 주노와 필립은 집으로 돌아간 직후였지. 왜 거짓말을 했느냐며 화를 내는 성은이에게 나는 다짜고짜 고백을 해버렸어. 하주노는 다른 사생팬에게 푹 빠져 있으니 나랑 사귀자고 말이야. 성은이는 정말 불같이 화를 냈어. 나를 거칠게 밀치더니 밖으로 나가버렸지. 그래도 나는 포기하지 않고 성은이를 쫓아갔어. 나는 성은이를 붙잡고 성은이는 뿌리치고 하는 와중에 그 아이가 계단에서 굴러 그만 다리가 부러지고 말았지."

"저, 저런……."

이지의 입에서 새된 소리가 흘러나왔다. 이지는 그런 다음 어떻게 됐느냐고 묻지 못했다. 사건이 너무 심각한지라 물을 수조차 없었던 것이다. 입을 굳게 다문 채 점점 진해지는 노을을 응시하던 유찬이 힘겹게 입을 열었다.

"그 사실을 알고 주노는 분노했어. 성은이의 아빠는 3P를 해체하지 않으면 당장 나의 잘못을 언론에 폭로하겠다며 최후통첩을 보냈지. 그날 밤, 주노는 나를 죽일 듯이 두들겨 팼어. 그리고 팀을 해체하겠다고 선언했지."

"……."

"나는 반대했어. 나 때문에 사고가 터졌는데도 반성은커녕 인기가 사라질 것부터 걱정했는데 주노는 달랐어. 형들인 우리야 어떻게 되든 상관없지만, 사건이 폭로되면 동생인 필립이 큰 상처를 입게 된다며 무조건 해체해야 한다고 했지. 해체 발표도 자기가 직접 하겠다고 했어. 그래야 나와 필립이 비난받지 않을 거라면서 말이야."

마지막 말을 하는 유찬의 목소리가 가늘게 떨렸다. 이지가 자책에 빠져 있는 유찬의 옆얼굴을 조용히 보다가 고개를 돌려 차츰 어두워져 가는 수평선을 응시했다. 이지가 서글픈 목소리로 중얼거렸다.

"하주노는 원래 그런 남자예요. 겉모습은 차갑지만 누구도 흉내 낼 수 없는 따뜻함을 품고 있어요. 그래서 남을 다치게 하느니 차라리 자신이 아프고 말죠. 문제는 그 아픔이 점점 자라나 더 이상 견디기 힘들 지경에 이르렀다는 거예요."

유찬이 씁쓸히 중얼거렸다.

"주노를 만나거든 꼭 전해줘. 내가 진심으로 미안해하고 있더라고 말이야."

"직접 만나서 전하는 게 어때요?"

"뭐?"

어리둥절한 유찬을 보며 이지가 의미심장하게 미소 지었다.

그날 저녁 이지는 KTX를 타고 서울로 돌아왔다. 부산으로 내려갈 때보다는 마음이 한결 가벼웠다. 차창 너머 벼가 파랗게 자라는 논을 바라보며 이지는 스스로에게 다짐하듯 중얼거렸다.

"필립, 네게 작은 선물을 주려고 해. 이 선물을 받고 부디 나의 선택을 이해해주었으면 고맙겠어."

다음 날은 일요일이었지만 이지는 평소보다 일찍 일어났다. 우유 한 잔으로 아침을 때우고 서둘러 집을 나섰다. 이지가 곧장 필립의 집으로 향했다.

"어, 아침부터 웬일이야?"

대문을 열고 나오며 필립이 반가운 표정을 지었다. 이지가 그런 필립을 향해 어색하게 웃으며 말했다.

"급히 할 얘기가 있어서 왔어."

"어서 들어와. 아빠와 누나들도 네가 온 걸 보면 반가워할 거야."

"잠깐 둘이서만 얘길 나누고 싶은데……."

그제야 이지의 표정이 예사롭지 않은 것을 발견한 필립이 대문을 닫고 나왔다.

"무슨 일인데 그래?"

"잠깐 걸으면서 얘기할까?"

근처의 공원에 도착할 때까지 이지와 필립은 말없이 걸었다. 공원에는 온갖 여름 꽃들이 피어나 진한 향기를 풍기고 있었다. 아직 이슬이 마르지 않은 나뭇잎들이 반짝이는 나무들 사이로 이지와 필립이 나란히 걸었다. 한참만에야 이지가 어렵게 입을 열었다.

"실은 어제 부산에 다녀왔어."

"부산엔 갑자기 왜?"

이지가 걸음을 멈추고 필립을 돌아보았다.

"3P의 멤버였던 유찬 오빠를 만났어."

"……!"

필립은 충격을 받은 것 같았다. 이지가 차분함을 유지하려고 노력하며 말을 이었다.

"유찬 오빠에게 주노 선배가 왜 갑자기 3P를 해체했는지 그 이유를 물었지."

필립이 혼란스런 눈으로 이지의 얼굴을 바라보았다. 필립이 착 가라앉은 소리로 물었다.

"그래서…… 유찬 형이 뭐래?"

"주노 선배가 3P를 해체하기로 결심한 건 유찬 오빠 때문이었어. 아니, 어떻게 보면 필립 때문인지도 몰라."

"나 때문이라고……?"

미간을 찌푸리는 필립을 향해 이지가 유찬에게서 들었던 진실을 가감 없이 설명하기 시작했다. 짧은 얘기라고 생각했지만 말을 끝마치기까지는 상당히 오랜 시간이 걸렸다.

"……."

이지가 설명을 끝마친 후에도 필립은 한동안 반응이 없었다. 눈을 가늘게 뜨고 나무숲을 조용히 응시하고 있었을 뿐이다. 짧지 않은 시간이 흐른 후에 필립이 혼잣말처럼 중얼거렸.

"그러니까 하주노가 나를 위해 3P를 해체시켰다는 거네?"

"응."

"유찬 형의 잘못 때문에 해체됐다는 사실을 숨긴 채 자기 혼자 모든 비난을 감수하면서까지?"

"맞아."

필립의 표정이 고통스럽게 일그러졌다.

"대체 왜? 왜 그런 짓을 했는데?"

"그야……."

머뭇거리던 이지가 한숨 섞인 음성으로 답했다.

"그야 필립을 진심으로 걱정했으니까. 3P라는 팀을 진심으로 사랑했으니까."

"하하."

필립이 기가 막힌 듯 웃었다. 그가 이를 악물며 내뱉듯이 말했다.

"하주노의 진짜 나쁜 점이 뭔 줄 알아?"

"……."

"저 혼자만 잘난 척한다는 거야. 남의 기분은 생각하지도 않은 채 제멋대로 행동하고, 그 결과에 대해선 혼자 책임지려고 하지. 이런 하주노가 좋으냐고?"

스스로 반문한 필립이 고개를 핵핵 저었다.

"물론 싫어."

"필립……."

"그런 인간하곤 다시는 엮이지 않았으면 좋겠어."

필립의 얼굴을 조용히 바라보던 이지가 나직이 말했다.

"그래서 필립은 어떻게 하고 싶어?"

"뭘 어떻게 해?"

"모든 오해가 풀렸으니 3P로 돌아가야 하지 않을까? 필립도 그 시절을 그리워하고 있었잖아."

"솔직히 잘 모르겠어."

혼란스런 얼굴로 고개를 흔들던 필립이 이지를 향해 조심스럽게 물었다.

"내가 돌아가고 싶다고 하면 하주노가 받아줄까?"

이지가 확신에 차서 고개를 끄덕였다.

"당연히 받아줄 거야. 내 생각엔 그도 너희들과 공연하고 싶어 하거든."

"너희들이라면……?"

"부산의 유찬 오빠도 곧 올라올 거야. 셋이 힘을 합쳐서 예전의 3P를 재건하는 거야."

"하하. 유찬 형까지?"

실소하던 필립이 웃음을 뚝 그치고 이지의 눈을 들여다보았다.

"3P의 재결성을 위해 노력하는 건 나를 위해서야, 아니면 하주노를 위해서야?"

이지가 움찔했다. 골똘히 생각하던 이지가 희미하게 미소 지었다.

"두 사람 모두를 위해서라고 해두자. 그동안 두 사람은 서로를 좋아하면서도 원수처럼 지내왔잖아."

"쳇, 그야말로 교과서적인 대답이로군."

대화를 끝내자마자 이지와 필립은 주노의 저택으로 향했다. 필립은 월요일에 말하자고 했지만 이지는 그때까지 기다릴 수가 없었다.

벨을 누르자 메이드의 목소리가 흘러나왔다.

"누구세요?"

"후배 이지와 필립이 왔다고 주노 선배한테 전해주세요."

"잠시만 기다리렴."

잠시 후, 대문이 자동으로 열렸다. 이지와 필립은 나란히 대문을 밀치고 들어갔다. 수목이 우거진 널찍한 마당을 가로질러 두 사람이 저택으로 향했다.

일층 소파 테이블을 가운데 두고 주노와 이지, 필립이 마주앉았다. 주노가 소름이 돋을 정도의 싸늘한 눈으로 이지와 주노를 보았다. 그가 낮게 깔리는 소리로 말했다.

"부산까지 가서 유찬이를 만났다고?"

이지가 급히 고개를 끄덕였다.

"예."

"그래서 3P 해체의 진실을 들었다지?"

"맞아요."

주노의 입가에 냉소적인 미소가 떠올랐다.

"지금 와서 그런 게 대체 무슨 상관인지 모르겠군?"

이지가 차분하게 설명하기 시작했다.

"모든 진실을 알았으므로 필립은 더 이상 주노 선배를 원망하지 않아요. 솔직히 미안한 감정까지 품고 있죠. 결국 선배와 필립에겐 더 이상 한 팀이 되지 못할 이유가 없어요."

주노와 필립이 놀란 눈으로 이지를 보았다. 주노가 가까스로 입을 열었다.

"그러니까 이번 복귀 콘서트에 필립과 함께 서라는 건가?"

"기왕이면 유찬 오빠도 함께요. 사실 선배도 간절히 바라던 일 아닌가요?"

"으음……."

주노가 깊은 신음을 흘렸다. 골똘히 생각에 잠겨 있던 주노가 필립에게 시선을 던졌다.

"네 생각은 어때?"

필립이 퉁명스럽게 답했다.

"선배만 좋다면 나도 찬성이야. 사실 우리는 너무 갑작스럽게 헤어졌잖아?"

턱을 매만지며 잠시 더 생각하던 주노가 고개를 끄덕였다.

"그래, 복귀 콘서트는 함께 하자. 송 사장한테 얘기해둘 테니까, 내일부터 연습실로 나오도록해. 유찬한테는 내가 연락하지."

"알았어."

이지는 이 자리가 새로운 화해의 시작이 되길 바랐지만 서로를 바라보는 주노와 필립의 시선은 싸늘하기만 했다. 하주노와 이필립의 갈등은 오해 때문이었다. 하지만 오해가 풀렸다고 두 사람의 마음도 풀어진 것은 아니었다. 그동안 새로운 변수가 생겼기 때문이다. 바로 윤이지라는 강력한 변수.

"그럼 우린 이만 가볼게요."

"그래, 가봐."

어색한 분위기를 견디고 있던 이지와 필립이 일어섰다. 주노는 배웅할 생각도 하지 않고 소파에 깊숙이 몸을 묻었다.

저택을 빠져나왔지만 필립 역시 입을 굳게 다물고 있었다. 왠지 모를 어색함을 느끼며 이지와 필립은 한 마디 말도 없이 나란히 걸었다.

월요일, 수업을 마치자마자 이지와 필립은 압구정의 기획사로 향했다. 기획사 연습실에는 이미 유찬이 도착해 있었다. 주노와 유찬, 필립이 어색한 분위기 속에 인사를 나누었다. 떨떠름한 송 사장의 태도로 보아 기획사에선 3P 전체의 복귀 콘서트를 썩 달가워하는 것 같지 않았다. 그럼에도 급히 공연 콘셉트를 다시 짜고, 댄스 팀을 보강하는 것으로 보아 주노가 고집을 부린 게 분명했다.

"고마워요, 주노 선배."

이지가 고마움을 표시했지만 싸늘한 대답만 돌아왔다.

"우리가 컴백하는 데 네가 고마워할 이유는 없어. 네 말대로 나 역시 필립, 유찬과 함께 복귀하고 싶었으니까."

"예에……."

죄인처럼 고개를 떨구는 이지를 필립이 성난 눈으로 쳐다보았다.

그때부터 며칠 동안 주노, 필립, 유찬은 정말이지 미친 듯이 연습에 열중했다. 연습실 바닥에 땀이 고이도록 춤을 추고, 노래를 부르는 세 사람을 지켜보며 이지는 겉모습은 화려하지만 아이돌 스타가 된다는 게 결코 쉬운 일이 아니라는 사실을 깨달았다. 그렇게 일주일쯤 흘렀을 때, 순조롭게 진행되던 연습에 문제가 생겼다.

"에잇, 도대체 정신을 어디다 팔고 있는 거야?"

땀을 뻘뻘 흘리며 춤추던 주노가 갑자기 화를 버럭 냈다. 함께 춤추던 필립과 유찬 그리고 댄스 팀원들이 숨을 헐떡이며 주노를 돌아보았다. 주노가 필립을 가리키며 짜증스럽게 말했다.

"너 말야, 세 번째와 네 번째 연결동작에서 계속 틀리고 있잖아. 어제부터 계속 지적했는데 왜 나아지질 않아?"

자존심이 상한 필립이 연습실 구석의 의자에 앉아 있던 이지를 힐끗 보았다. 필립은 주노의 시선을 외면하며 건성으로 대답했다.

"이제부터 안 틀리면 될 거 아냐."

필립의 무성의한 태도는 주노를 더욱 화나게 만들었다.

"너 태도가 왜 그래?"

"내 태도가 어때서?"

"잘못을 인정하지 못하겠다는 표정이잖아."

"나와 유찬이 형은 일 년 넘게 쉬었어. 선배만큼 동작이 안 나오는 게 당연하다고."

"그건 핑계가 되지 않아. 공연까지는 이제 보름 정도 밖에 남지 않았어."

"핑계를 대는 게 아니라 사실을 말하는 거야."

이를 악물고 필립을 쏘아보던 주노가 내뱉듯이 말했다.

"그렇게 자신이 없었다면 애초에 복귀 콘서트에 합류하겠다는 말을 말았어야지."

"쳇, 예나 지금이나 잘난 척은!"

필립이 비아냥거리자 주노가 폭발하고 말았다. 주노가 필립의 멱살을 잡으며 고함쳤다.

"건방진 녀석! 리더의 충고를 그 따위로밖에 받아들이지 못하냐?"

"제발 그만들 해. 다른 사람들이 지켜보고 있잖아."

유찬이 둘을 떼어놓으려 했지만 주노와 필립은 꼼짝도 하지 않았다.

"작작 좀 해, 옹졸한 녀석들아!"

이때 누군가 천둥처럼 소리를 질렀다. 화들짝 놀란 주노와 필립이 떨어지며 옆을 돌아보았다. 얼굴이 벌겋게 달아오른 이지가 씩씩거리며 서 있었다. 이지가 손가락으로 두 사람을 가리키며 쏘아붙였다.

"주노 선배와 필립은 처음 연습을 시작했을 때부터 계속 신경전만 벌이고 있잖아요. 대체 왜들 그래요? 콘서트를 망쳐야 속이 시원하겠어요?"

주노와 필립이 입을 굳게 다문 채 서로를 지그시 째려보았다. 유찬이 이지를 보며 의미심장하게 웃었다.

"둘이 으르렁거리는 이유야 뻔하지 않나?"

"그 이유란 게 대체 뭔데요?"

유찬이 이지를 가리켰다.

"그야 당연히 너 때문이지."

"아……!"

순간 이지의 얼굴이 새빨갛게 변했다.

"흥!"

콧방귀를 날리며 서로에게서 등을 돌리는 주노와 필립을 보며 이지가 땅이 꺼져라 한숨을 내쉬었다.

결국 흥분한 필립은 잠시 쉬기로 했다. 유찬이 필립을 데리고 밖으로 나갔다. 댄스 팀도 휴식을 위해 연습실을 빠져나갔다. 연습실에는 주노와 이지만 남게 되었다. 이지가 땀투성이로 변한 주노를 향해 조심스럽게 말했다.

"선배도 잠깐 쉬는 게 낫지 않을까요?"

"상관하지 마."

주노가 퉁명스럽게 대답하곤 오디오의 버튼을 눌렀다. 그리고 음악에 맞춰 다시 춤추기 시작했다. 때론 격렬하게 때론 유연하게 춤추는 주노의 모습은 환상적이었다. 잠시 넋을 놓고 주노를 바라보던 이지가 천천히 돌아섰다. 마음이 상한 필립을 찾아 달래기 위해서였다.

주노가 연습실 밖으로 나가는 이지의 뒷모습을 힐끗 쳐다보았다. 동시에 냉랭하던 주노의 표정이 쓸쓸하게 변했다.

"후우우……."

주노는 잡념을 떨치려는 듯 한숨을 내쉬었다. 그리고 다시 음악에 맞춰 몸을 흔들기 시작했다.

파지직.

연습실 천장 위의 전선에서 파란 불꽃이 튀긴 것은 바로 그때였다.

기획사 마당으로 나오니 이미 저녁이었다. 정원 벤치에 유찬과 나란히 앉아 있는 필립을 발견하고 이지가 달려갔다.

와장창.

이때 이지의 뒤로 건물 위쪽 유리창이 산산이 부서지며 불길이 확 뿜어졌다.

"꺄악!"

이지가 비명을 지르며 유리 파편이 쏟아지는 건물을 올려다보았다. 필립과 유찬이 이지에게 달려오며 소리쳤다.

"건물에서 불이 난 것 같은데?"

"저긴 연습실 아닌가?"

이지의 눈이 커다래졌다.

"연습실에 주노 선배 혼자 남아 있었는데?"

이지가 후다닥 현관 안으로 뛰어들었다. 필립이 유찬과 함께 이지를 쫓아 달렸다.

"이지야, 기다려!"

"지금 들어가면 안 돼!"

"소방서에 연락했으니 밖에서 기다려라!"

연기가 자욱한 복도 입구에서 소화기를 든 송 사장과 매니저들이 이지와 필립, 유찬의 앞을 가로막았다. 이지가 눈물을 터뜨리며 소리쳤다.

"연습실에 주노 선배가 있단 말이에요!"

"나도 안다. 하지만 지금은 들어갈 수 없어."

이를 악물고 송 사장을 쏘아보던 이지가 갑자기 그를 확 밀쳤다. 그리고 복도 안쪽으로 냅다 뛰었다.

"이리 돌아와!"

송 사장이 손을 내뻗으며 외쳤지만 이지는 뒤도 돌아보지 않고 연기 속으로 들어갔다.

"이지야, 같이 가!"

"더 이상은 절대 안 돼! 애들 밖으로 끌어내!"

필립도 이지를 따라가려고 했지만 매니저들에게 제지당하고 말았다.

연습실은 한치 앞도 분간하기 힘들 정도로 연기가 자욱했다. 매운 연기를 들이키며 바닥을 더듬던 이지가 정신을 잃고 쓰러진 주노를 발견했다.

"일어나요, 선배. 여기서 나가야 해요."

이지가 필사적으로 주노를 일으키려 했지만 꼼짝도 하지 않았다. 연기는 점점 심해져서 숨조차 쉬기 힘들었다. 의식이 흐릿해지는 것을 느끼며 이지는 마지막을 예감했다. 자신의 품에 안긴 주노의 얼굴을 들여다보며 이지는 그나마 마지막 순간을 주노와 함께 하게 돼서 다행이라고 생각했다. 이지의 눈에서 굵은 눈물방울이 흘러 주노의 이마로 툭 떨어졌다. 이지가 고개를 숙여 주노의 입술에 가볍게 입을 맞추며 속삭였다.

"그동안 고마웠어요, 선배. 이지는 예전이나 지금이나 선배만을 좋아하고 있어요."

순간 이지의 몸 윤곽을 따라 희미한 빛이 떠올랐다. 신비한 느낌을 풍기는 빛이 점차 선명해지며 이지의 몸 전체를 휘감았다. 연기로 가득 찬 연습실에서 빛이 폭발하듯 부풀어 올랐다가 홀연히 잦아들었다. 잠시 후, 연습실 바닥에 쓰러진 주노만 남기고 이지의 모습이 깨끗이 사라져버렸다.

이지의 침대 위에 펼쳐져 있던 '세기의 로맨스'도 강렬한 빛에 싸여 있었다. 책에서 뿜어진 빛이 잦아들면서 책도 함께 사라져버렸다.

3
공민왕과의 만남

"콜록…… 콜록…… 콜록……."

이지는 네 발로 엎드린 채 정신없이 기침을 토했다. 이지는 자신이 아직도 기획사 연습실에 있다고 생각했다. 그런데 간신히 기침을 멈추고 보니, 하얀 보름달이 머리 위에 떠 있는 한밤중의 고궁 안이었다. 계절은 초봄쯤 되었을까? 한동안 눈을 껌뻑껌뻑하며 주위를 둘러보던 이지는 인상을 찌푸렸다. 자신이 다시 과거로 떨어져버렸음을 깨달았기 때문이다. 힐끗 옆을 돌아보니 바닥에 떨어져 있는 '세기의 로맨스' 양장본 표지가 보였다. 책을 옆구리에 끼고 일어서며 이지가 땅이 꺼져라 한숨을 내쉬었다.

"아직 주노 선배를 구하지도 못했는데 과거로 떨어져버리면 어떻게 하느냐고? 그런데 여긴 대체 어디지? 분위기로 보아 다시 조선시대로 떨어진 건가?"

새삼 고풍스런 전각들을 둘러보던 이지는 조선시대와는 어딘지 분위기가 좀 다르다는 사실을 알아차렸다. 조선시대에 비해 건물의 형태도 단순하고 색상도 투박했기 때문이다. 고궁 구석구석을 찬찬히 살펴보는 이지의 귀에 나직한 음성에 들려왔다.

"한다…… 하지 않는다…… 한다…… 하지 않는다……."

이지가 소리를 쫓아 나무들 사이로 살금살금 걸음을 옮겼다. 어둑한 정원 한복판에서 자신보다 서너 살쯤 많아 보이는 사내아이가 노란색 용포를 입은 채 등을 돌리고 앉아 웅얼거리고 있었다. 자세히 보니 사내아이의 손에는 잎이 좌우대칭으로 줄지어 자란 나뭇가지가 쥐어져 있었다. 그는 나뭇잎을 한 장씩 뜯어내며 "한다.", "안 한다."를 반복하는 중이었다. 그제야 이지는 사내아이가 중대한 결정을 앞두고 나뭇잎 점을 치고 있음을 알아차렸다. 입가에 흐릿한 비웃음을 떠올린 이지가 그를 향해 살금살금 걸어갔다. 그리고 사내아이의 손에 쥐어져 있던 나뭇가지를 낚아채 바닥에 패대기쳐버렸다.

"누, 누구냐?"

깜짝 놀란 사내아이가 박차고 일어나 이지를 향해 돌아섰다.

"어찌하여 남의 물건을 함부로 빼앗아 땅바닥에 패대기친단 말이냐?"

"나뭇잎으로 점을 치고 있었지?"

"그, 그걸 어떻게……?"

"무슨 중요한 일을 앞두고 있나 보지?"

사내아이가 대답 대신 고개를 살짝 끄덕였다. 이지가 갑자기 방금 버린 나뭇가지를 콱콱 밟으며 소리쳤다.

"그럼 내가 대신 대답을 알려줄게. 대답은 한다야, 한다!"

발길질을 멈추고 시원스럽게 웃는 이지의 얼굴을 사내아이가 황당한 듯 쳐다보았다. 그가 낮게 깔리는 소리로 물었다.

"한다가 정답이라고? 어떻게 그렇게 확신하지?"

"중요한 건 그쪽의 마음이지 나뭇잎 숫자가 아니기 때문이야. 만약 하지 않아도 되는 일이라면 굳이 나뭇잎까지 이용해 점을 치진 않았겠지. 그냥 무시하고 안 해버리면 그만이니까. 이런 방법까지 동원했다는 건 매우 힘들지만 반드시 해야만 하는 일이라는 뜻일 거야. 어때, 내 말이 틀려?"

"……."

멍한 눈으로 이지를 바라보던 사내아이가 빙그레 미소를 지었다.

"너 굉장히 똑똑한 아이구나. 내 이름은 왕전이라고 해. 너는 이름이 뭐지?"

이지가 심드렁한 표정으로 대답했다.

"나는 윤이지라고 해. 그런데 여긴 대체 무슨 나라야? 궁궐의 모습으로 봐선 조선은 아닌 것 같은데……."

"네가 살고 있는 나라도 모른단 말이니? 여긴 고려야."

"고려라고……? 쳇, 이번에도 멀리까지 와버렸군."

골치 아픈 듯 머리를 긁적이던 이지가 문득 사내아이의 노란색 용포를 가리켰다.

"어라, 그런데 그거 용포 아닌가? 용포는 왕만 입는 걸로 아는데……."

사내아이가 고개를 끄덕였다.

"맞아, 짐은 고려를 다스리고 있는 공민왕이란다."

"고…… 공민왕이라면 노국공주와의 사랑으로 유명한 고려 말의 임금……?!"

입을 쩍 벌리는 이지를 보며 공민왕이 고개를 갸웃했다.

"네가 노국공주도 알아?"

"하하…… 아주 쬐끔요."

이지가 수줍게 손가락을 벌렸다. 말투도 어느새 존댓말로 바뀌었다.

'그러고 보니 며칠 전부터 '공민왕과 노국공주' 편을 읽고 있었지?'

이지가 살짝 돌아서서 세기의 로맨스를 펼쳤다. 아니나 다를까, 이번에도 '공민왕과 노국공주' 편이 깨끗이 지워져 있었다. 낮은 한숨과 함께 책을 탁 덮으며 이지가 공민왕을 향해 돌아섰다. 그리고 싱긋 미소를 지으며 물었다.

"그런데 전하, 오늘 밤 대체 무슨 중요한 일이 있으신가요?"

잠시 망설이던 공민왕이 은밀한 목소리로 말했다.

"짐은 오늘 밤, 몽골의 앞잡이인 기철과 권겸 등을 대궐로 불러들여 참살하려고 한다."

"예에……?!"

이지가 까무러칠 것 같은 표정을 지었다. 떨어져도 아주 살벌한 장

공민왕과의 만남

소에 떨어져버린 것이다. 안색이 하얗게 질린 이지를 쳐다보며 공민왕이 빠르게 말했다.

"몽골에 볼모로 끌려갔던 짐은 오 년 전 고려로 귀국해 국왕이 되었다. 하지만 친원파 대신들은 왕을 자기 입맛대로 갈아치우고 백성들을 수탈하는 등 나라 전체가 엉망진창이 되어 있었지. 이에 짐은 친원파의 수장 조일신을 숙청하는 한편 백성들의 변발을 금지하고, 원의 군대가 점령한 쌍성총관부를 공격해 철령 이북의 땅을 회복했다."

"호오, 그건 잘하신 일 같네요."

"하지만 친원파는 역시 만만치 않았어. 원나라 기황후의 동생으로 고려 조정을 마음대로 농락하던 기철, 기식, 기원, 기주, 기륜 등의 형제들과 몽골 태자에게 자신의 딸을 바친 권겸 등이 반원정책을 펴고 있는 짐에게 불만을 품고 역모를 일으키려 한다는 정보가 입수되었단다."

"아하, 그래서 선수를 치려는 거군요?"

"맞다. 그런데 상황이 좋지 않구나."

"상황이 어떻게 안 좋은데요?"

"엄청난 사병을 거느린 친원파의 우두머리들을 치려면 군대를 동원해야 하는데, 군부의 장군들이 지난 백 년간 우리 고려를 억누른 원나라가 두려워 좀처럼 움직이려 하질 않고 있어."

"후유……. 왕의 명령도 듣지 않는 군대라니, 정말 한심하군요."

공민왕이 분한 듯 주먹을 부르르 떨었다.

"원나라도 예전의 강국이 아니야. 세조 이후 오십 년 동안 황제가 열한 명이나 바뀌고, 권신들이 권력다툼을 벌이면서 국력이 쇠약해졌지. 백성들이 등을 돌린 제국은 이제 서서히 중원에서 설 자리를 잃고 있어. 이럴 때 원나라의 앞잡이들을 없애고, 우리 고려도 독립을 이뤄야 하거늘……."

유난히 밝은 보름달을 올려다보며 강렬하게 눈을 빛내는 공민왕을 지켜보던 이지가 움찔했다. 공민왕에게서 콘서트를 앞두고 혼신의 노력을 기울이던 주노의 모습이 떠올랐기 때문이다. 그러고 보니 공민왕의 깊은 눈매와 시원한 콧날, 의지가 엿보이는 입술이 주노와 썩 닮아 있었다. 순간 공민왕에 대한 연민이 끓어오르면서 이지는 어떻게든 위기에 처한 고려의 임금을 도와야겠다고 결심했다. 겉으로 표현은 안 했지만 이지의 마음은 연기 속에 홀로 남겨두고 온 주노에 대한 걱정으로 가득 차 있었다. 아마도 처음 만난 공민왕을 무작정 돕고 싶어진 것도 그런 이유에서일 것이다.

이지가 공민왕의 손을 힘주어 잡으며 말했.

"저를 믿으세요. 제가 어떻게든 전하를 도와드릴게요."

"말은 고맙다만……."

교복 차림의 이지를 훑어보던 공민왕이 툭 내뱉었다.

"일단은 그 괴상한 옷차림부터 어떻게 하는 게 좋겠구나."

"공주! 노국공주, 내가 왔소!"

불이 환하게 밝혀진 왕비의 침전으로 들어가는 공민왕을 따르던 이지가 우뚝 멈춰 섰다. 이지가 눈을 크게 뜨고 바로 앞에 선, 우아하게 머리를 틀어 올린 소녀를 바라보았다. 소매가 널찍하고 풍성하게 퍼지는 아름다운 옷을 입은 소녀에게선 절로 기품이 흘렀다. 소녀의 크고 검은 눈망울과 붉은 입술은 같은 여자인 이지조차 숨이 멎을 정도로 아름다웠다. 이지는 소녀가 바로 공민왕의 비인 노국공주임을 알아차렸다.

"전하, 무사하셨군요."

노국공주가 공민왕의 손을 잡으며 애정이 가득한 목소리로 말했다. 공민왕이 빙그레 미소 지으며 고개를 끄덕였다.

"짐은 멀쩡하니 심려를 거두시오."

"하지만 기씨 형제들과 권겸 등이 모반을 일으키려 한다면서요?"

공민왕이 웃음기를 지우며 말했다.

"짐도 알고 있소. 그래서 오늘 밤 그들 모두를 연회를 베푼다며 궁으로 초대했소."

"대체 어쩌시려고요?"

"그들이 궁으로 들어서자마자 궐문을 걸어 잠그고 모조리 참살할 것이오."

공민왕의 단호한 얼굴을 노국공주가 질린 듯 바라보았다. 이지도 긴장 어린 눈빛으로 노국공주를 보았다. 이지가 알기에 노국공주는 몽골족이 세운 원나라의 공주였다. 그런데 친원파를 친다는 사실을

이렇게 공개해도 된다는 말인가?

이지의 걱정과는 달리 노국공주가 결연한 표정으로 말했다.

"역모를 꾀했다면 당연히 처단해야지요. 소녀도 전하를 돕겠습니다."

"공주께서 어떻게 짐을 돕는단 말이오?"

"아직은 모르겠지만 어떻게든 도울 것입니다."

결심을 다지는 노국공주를 지켜보던 이지가 불쑥 끼어들었다.

"공주님께서 전하를 도울 수 있는 방법이 한 가지 있습니다만."

"!"

노국공주가 흠칫 이지를 돌아보았다. 의아한 눈으로 이지를 보며 노국공주가 물었다.

"전하, 저 아이는 누굽니까?"

공민왕이 이지를 가리키며 빙긋 웃었다.

"이지라는 아이오. 위기에 처한 날 돕겠다고 해서 데려왔는데, 어쨌든 나쁜 아이 같지는 않소."

"그렇군요."

고개를 끄덕이던 노국공주가 이지에게 물었다.

"내게 전하를 도울 수 있는 방법이 알려주겠다고 했지? 그 방법이란 게 대체 무엇이니?"

명령이 아니라 부탁하듯 말하는 노국공주는 겸손한 사람처럼 보였다. 하지만 이지는 아직 노국공주에 대한 경계심을 풀지 않기로 했다. 노국공주는 어쨌든 원나라의 황족인 것이다.

"친원파들을 처단하려면 군부의 장군들을 움직여야 한다죠?"

"그렇겠지."

"하지만 그들은 원나라가 무서워서 망설이고 있고요."

"맞아."

"이 고려에는 그들의 두려움을 말끔히 씻어줄 수 있는 인물이 딱 한 명 있어요."

"그게 대체 누구지?"

눈을 동그랗게 뜨는 노국공주의 얼굴을 가리키며 이지가 씨익 웃었다.

"바로 노국공주님이세요."

"나, 나라고……?"

황당한 표정을 짓는 노국공주를 보며 이지가 빠르게 설명했다.

"공주님은 군부의 수장들이 무서워하는 몽골의 황족이세요. 그런 공주님이 장군들 앞에 나타나 역적들을 처단하는 일은 원나라 황실의 뜻이기도 하다, 라고 얘기해 보세요. 그럼 장군들도 움직이지 않을까요?"

"……!"

노국공주와 공민왕이 충격 어린 눈으로 서로의 얼굴을 보았다. 이지가 노국공주를 지그시 보며 한 마디 덧붙였다.

"물론 공주님에게 모국인 원나라보다 전하를 생각하는 마음이 더 깊어야 가능한 일이겠지만요."

노국공주가 정색했다.

"그게 무슨 소리야? 그럼 내가 전하보다 몽골을 더 생각한다는 뜻이니?"

"그럴 수도 있다는 말이에요."

"으음……."

불쾌한 눈으로 이지를 바라보던 노국공주가 나직이 입을 열었다.

"전하와 혼인하면서 나는 원나라의 공주가 아니라 고려의 왕비로 살기로 결심했단다. 이지 네가 무얼 의심하는지는 알겠는데, 나는 고려와 전하를 위해서라면 언제든 목숨까지 바칠 각오가 되어 있어."

"그럼 당장 군부로 가시면 되겠네요."

"그래, 가자꾸나."

방문을 향해 걸어가려는 노국공주의 팔을 공민왕이 붙잡았다.

"일단 이지에게 옷부터 내주시구려. 저런 몰골로 돌아다니면 사람들이 여진족인 줄 알겠소."

"알겠습니다, 전하."

고려시대 여진족이 교복을 입고 다녔다는 거야, 뭐야? 속으로 툴툴거리며 이지가 청색 저고리와 회색 치마를 입었다.

궁궐의 후미진 구석에 위치한 전각엔 불이 환하게 밝혀진 채였다. 그 전각 앞을 검을 찬 수십 명의 고려군 병사들이 지키고 있었다.

전각 안, 기다란 탁자 주위에 열 명 정도의 장군들이 심각한 표정으로 둘러앉았고, 중앙 상석에는 근엄한 표정의 중년 장군이 눈을 지그시 감고 있었다. 장군들이 상석의 장군을 향해 말했다.

"최영 장군, 이제 결정을 내려야 하지 않겠습니까?"

"곧 대신들이 연회를 위해 입궐할 것입니다."

"우리는 어찌해야 합니까? 전하의 명령대로 기씨 형제들과 권겸 등 친원파를 처치해야 합니까, 아니면 기씨 형제에게 사실을 알리고 전하를 구금해야 합니까?"

최영이 천천히 눈을 뜨며 신음을 흘렸다.

"으음……."

장군들이 최영을 재촉했다.

"장군, 시간이 없습니다!"

"속히 결단을!"

하지만 최영은 미간을 잔뜩 찌푸린 채 대답이 없었다.

이때 방문이 벌컥 열리며 공민왕과 노국공주 그리고 이지가 들어왔다. 최영과 장군들이 깜짝 놀라 일어섰다.

"국왕전하와 왕비마마를 뵈옵니다!"

정중히 고개를 숙이는 최영과 장군들을 둘러보며 공민왕이 고개를 끄덕였다.

"전하, 이쪽으로 앉으십시오."

최영이 자리를 양보해주자 공민왕이 앉았다. 노국공주와 이지는 공민왕을 호위하듯 뒤쪽에 버티고 섰다. 한동안 장군들을 지그시 바라보던 공민왕이 낮게 깔리는 소리로 말했다.

"나는 오늘 연회를 핑계로 대신들을 궁으로 불러들였소. 그리고 장군들에게 이 기회를 이용해 기씨 형제들과 권겸 등의 역적들을 처단해달라고 부탁했소. 그런데 장군들은 아직까지 확답을 주지 않는구려."

장군들이 당황스런 눈으로 서로의 눈치를 살폈다. 왕의 명령에도 눈치나 살피는 장군들을 이지가 한심한 듯 쳐다보았다.

최영이 공민왕을 향해 진중한 목소리로 말했다.

"전하, 소장들에게 조금만 더 시간을 주십시오."

공민왕이 탁자를 내리치며 소리쳤다.

"역적들이 곧 입궐할 텐데, 대체 언제까지 기다리란 말이오?"

"아직 군부 수장들의 의견이 모아지지 않았습니다. 잠시만 더 시간을 주시면……."

이지가 참지 못하고 최영을 가리키며 고함쳤다.

"최영 장군은 황금 보기를 돌 같이 하는 분 아닌가요? 장군 같은 분이 몽골의 눈치를 살필 줄은 몰랐군요!"

최영이 황당한 듯 이지를 보았다. 씩씩거리는 이지를 뒤쪽으로 살짝 밀치며 노국공주가 앞으로 나섰다. 그리고 최영을 비롯한 장군들의 얼굴을 조용히 바라보았다.

"장군들에게 묻겠습니다. 여러분, 제가 누구입니까?"

노국공주가 착 가라앉은 소리로 말하자 장군들이 어리둥절한 표정을 지었다. 노국공주가 목소리에 살짝 힘을 실으며 다시 물었다.

"제가 누구냐고 물었습니다."

최영이 대답했다.

"대 고려의 왕비마마십니다."

노국공주가 피식 웃었다.

"고려의 왕비 이전에는 누구입니까?"

최영이 곤혹스런 표정을 지으며 다시 답했다.

"원나라의 황족인 노국공주이십니다."

"그래요, 나는 원나라의 황족이에요. 지금부터 제가 고려의 왕비가 아니라 몽골의 황족으로서 말씀드리겠습니다. 기씨 형제들과 권겸 등을 처단하세요."

"……!"

최영과 장군들이 충격으로 눈을 부릅떴다. 노국공주가 확고한 목소리로 말을 이었다.

"이는 고려의 왕비이자 몽골의 공주로서 내리는 명령입니다. 나의 뜻이 원나라 황실의 뜻과 같으니, 장군들은 더 이상 망설이지 말고 역적들을 처단하세요."

최영과 장군들이 숨 막힐 듯한 침묵에 잠겼다. 하지만 노국공주의 당당한 태도가 그들의 마음에 큰 변화를 일으켰음을 이지와 공민왕은 느낄 수 있었다. 이때 맨 끝자리에서 고개를 숙이고 있던 이지 또래의 소년 장군이 용감하게 외쳤다.

"소장은 전하와 왕비마마의 명에 따라 역적들을 처단할 것입니다!"

갑주를 입은 다른 장군들과 달리 감색 베로 지은 저고리 위에 여진

족처럼 곰 가죽을 걸친 소년 장군의 눈빛이 강렬했다.

공민왕이 대견하다는 듯 소년 장군을 향해 물었다.

"오, 그대의 이름이 무엇인가?"

"소장은 서북방을 지키던 이자춘 장군의 아들 이성계라 하옵니다."

"아…… 이성계!"

최영과 함께 고려 말의 영웅 중 한 명인 이성계의 이름을 알고 있는 이지가 반색했다. 그러나 들떴던 표정은 이내 어두워졌다. 이성계가 고려를 멸망시키고 조선을 세우는 인물이라는 기억이 떠올랐기 때문이다. 사정을 알 리가 없는 공민왕이 흡족한 표정을 지었다.

"이자춘 장군이라면 짐도 알고 있다. 쌍성총관부를 함락시켜 함주 이북의 땅을 회복할 때, 큰 공을 세운 충신이 아니더냐."

"과찬이십니다, 전하."

노국공주가 이성계를 향해 천천히 다가갔다. 그리고 그의 손을 잡으며 눈부시게 미소 지었다.

"이성계 장군은 고려의 충신이오. 나는 장군의 이름을 절대 잊지 않을 것이오."

그러자 눈치를 살피고 있던 다른 장군들이 노국공주를 향해 앞다퉈 머리를 숙였다.

"소장도 왕비마마의 뜻을 따르겠나이다!"

"소장도 역적을 처단하는 데 앞장서겠나이다!"

"소장의 충심을 믿어주소서, 왕비마마!"

공민왕이 주먹을 불끈 쥐며 뿌듯한 표정을 지었다. 이지의 시선은 장군들과 차례로 악수하는 노국공주에게 고정되어 있었다. 이지가 의심을 완전히 풀지 않은 얼굴로 중얼거렸다.

"노국공주는 아름다울 뿐 아니라 지혜롭기까지 하구나. 노국공주가 진심으로 공민왕을 돕는다면 분명 큰 도움이 될 거야. 물론 진심이라면 말이지……."

덕성부원군 기철이 형제인 기식, 기원, 기주, 기륜 그리고 권겸 등과 함께 궁궐의 성문을 향해 다가가고 있었다. 활짝 열린 성문을 지키고 있는 용호군 수십 명이 보이자 동생 기식이 문득 걸음을 멈추며 고개를 갸웃했다.

"형님, 조금 이상합니다."

"뭐가 말이냐?"

"저 용호군 병사들 말입니다."

"응?"

기철이 동생이 가리키는 용호군들의 모습을 살폈다. 갑주를 입고 허리에 긴 검을 찬 국왕의 친위부대 용호군 병사들은 늘 보던 모습 그대로였다. 기철이 살짝 짜증스런 목소리로 말했다.

"아무 이상도 없구만 대체 왜 그래?"

"우리의 측근인 노책 장군이 이끄는 병사들이 아닌 것 같습니다."

기철이 기식의 뒤통수를 후려치며 버럭 화를 냈다.

"이놈아, 용호군이 하루에 세 번씩 교대한다는 것도 모르느냐? 지금은 한밤중이니 낮에 성문을 지키던 노책의 병사들이 교대를 했겠지."

"그, 그런가요?"

노식이 고개를 갸웃할 때, 측근인 복안부원군 권겸도 거들고 나섰다.

"용호군이 눈빛이 조금 이상하긴 합니다. 평소 반쯤 풀어져 있던 눈이 오늘따라 범처럼 빛을 발하는군요."

다시 한 번 용호군들의 모습을 살피던 기철이 피식 웃었다.

"내 누님이 원나라의 실권을 잡고 있는 황후요. 그런데 원나라의 속국에 불과한 이 고려 땅에서 감히 누가 나를 공격할 수 있단 말이오. 자, 안심하고 따라오시오."

기철이 가슴을 쭉 펴고 성문을 향해 걸어갔다. 기철의 형제들과 권겸이 찜찜한 표정으로 따라갔다.

"소장들이 덕성부원군을 뵈옵니다!"

기철과 일행을 발견한 용호군 장수들과 병사들이 머리를 조아렸다. 그들의 공손한 태도가 기철을 더욱 안심시켰다. 기철이 성문 안쪽으로 발을 내딛으며 득의만만하게 웃었다.

"으핫하하! 고려는 이미 우리의 수중에 들어와 있단 말이오!"

투욱!

이때 기철의 발밑으로 무언가 데구르르 굴러왔다. 기철은 처음에는 그것이 격구할 때 사용하는 나무공인 줄만 알았다. 그런데 동생 기식이 그것을 가리키며 새된 소리를 지르는 것이 아닌가.

"으아아…… 노, 노책이다!"

"이, 이게 뭐야?"

그제야 발밑에 떨어져 있는 것이 노책의 수급임을 알아차린 기철이 펄쩍 뛰었다. 권겸이 기철의 소매를 잡아끌며 소리쳤다.

"함정입니다! 피하십시오, 덕성부원군!"

끼이이이…… 쿠웅!

이때 요란한 진동음과 함께 기철 뒤쪽에서 성문이 닫혀버렸다. 기씨 형제들과 권겸이 달려가 미친 듯이 성문을 두드렸다.

"이놈들, 당장 성문을 열어라!"

"우리가 누군 줄 알고 이러느냐?"

"모두 죽임을 당해야 정신을 차릴 테냐?"

기철만은 이를 악물고 전방을 주시하고 있었다. 예상대로 횃불을 밝혀든 일단의 병사들이 나타났다. 병사들을 이끌고 있는 것은 공민왕이 분명했다. 공민왕 좌우편에선 노국공주와 이지가 걸어오고 있었다. 그리고 뒤쪽에선 수백 명의 용호군을 이끌고 있는 최영과 이성계가 보였다.

공민왕이 기철 앞에서 우뚝 멈춰 섰다. 기철이 사나운 눈으로 공민왕을 쏘아보았다. 기철의 주변으로 겁에 질린 형제들과 권겸 등이 몰려들었다.

노국공주가 기철을 가리키며 준엄하게 꾸짖었다.

"기철, 너는 어찌 전하를 뵙고도 머리를 숙이지 않느냐?"

기철이 비웃듯이 말했다.

"내 누님이 고려의 상국인 원나라의 황후다. 원나라의 벼슬로 보면 내가 고려왕보다 높거늘, 어찌 머리를 숙인단 말이냐?"

노국공주가 분을 참지 못하고 이를 악물었다.

"저런 건방진……!"

공민왕이 서늘한 눈으로 기철을 쏘아보았다.

"기철, 순순히 항복한다면 너의 가족들만은 살려주겠다."

"닥쳐라! 나를 건드리면 원나라의 백만 대군이 고려를 쑥대밭으로 만들 텐데, 두렵지도 않느냐?"

"말로 해서는 들을 자가 아니로군."

공민왕이 최영과 이성계를 돌아보며 명령했다.

"역적들을 처단하시오."

"예, 전하!"

최영과 이성계가 시퍼런 검을 뽑아들고 기철 등을 향해 걸어갔다. 기철이 최영을 가리키며 악을 썼다.

"최영, 왕이 아니라 내 명령에 따르라! 그럼 내가 너를 원의 상장군으로 만들어줄 것이다!"

"닥쳐라, 역적놈!"

최영이 내리친 검이 기철의 얼굴과 가슴을 길게 그었다. 피를 뿌리며 쓰러지는 기철을 내려다보며 나머지 형제들과 권겸이 비명을 질렀다.

"혀, 형님!"

"이놈들, 이러고도 무사할 성 싶으냐? 우리 뒤에는 몽골이 있다!"

이성계가 범처럼 눈을 빛내며 그들에게 다가갔다. 이성계가 휘두른 검을 맞고 기씨 형제들과 권겸이 차례로 쓰러졌다.

"으악!"

"크허억!"

성문 안쪽 광장 바닥에 핏물을 뒤집어쓴 채 널브러져 있는 기철과 몽골의 앞잡이들을 공민왕과 이지, 노국공주가 착잡한 눈으로 내려다보았다. 아직 피가 뚝뚝 흐르는 검을 들고 서 있는 최영과 이성계가 검을 번쩍 쳐들며 외쳤다.

"역적들이 죽었다! 고려 만세!"

동시에 병사들 사이로 들불처럼 함성이 번져나갔다.

"와아아!"

"고려 만세!"

"국왕전하 만만세!"

공민왕이 노국공주의 손을 맞잡으며 감격스런 목소리로 말했다.

"고맙소, 노국공주. 공주가 아니었으면 역적들을 처단할 수 없었을 거요."

노국공주가 수줍게 미소 지었다.

"아닙니다, 전하. 전하의 결단이 나라를 구했습니다."

애정 가득한 눈으로 서로의 얼굴을 바라보는 공민왕과 노국공주를

지켜보며 이지는 묘한 질투심을 느꼈다. 공민왕이 주노와 판박이처럼 닮아 있었기 때문일까? 이지는 그가 노국공주를 애정 어린 눈으로 바라보는 것 자체가 싫었다.

  이지가 입술을 지그시 깨물며 중얼거렸다.

  "아직은 노국공주를 완전히 믿을 수 없어."

4
몽골의 침공

역모를 꾸민 기철 일가와 친원파들이 재빨리 처단되었다. 고려는 이제 원나라의 속박에서 완전히 벗어나는 것처럼 보였다. 오랜 세월 몽골족보다 더 잔인하게 자신들을 괴롭힌 친원파가 제거당하자 백성들은 쌍수를 들고 환영했다. 공민왕은 세금을 낮추고, 몽골이 강요했던 나쁜 관습을 모조리 없애버렸다.

고려의 방방곡곡에서 공민왕을 칭송하는 소리가 울려퍼졌다. 국력이 날로 쇠약해져 가는 고려를 다시 일으키려는 공민왕의 개혁 정책이 조금씩 효력을 발휘하기 시작한 것이다.

하지만 위기가 끝난 것은 아니었다. 원나라 황실과 조정을 장악한 기황후는 고려에 있는 자신의 일족을 해친 공민왕에게 원한을 품고 복수할 기회만을 노리고 있었다. 때마침 고려 출신의 벼슬아치 최유가 원의 수도인 대도의 황후전으로 찾아와 그녀를 유혹했다.

"황후마마, 이대로 참고만 계실 겁니까?"

꼭 늙은 쥐처럼 생긴 최유의 얼굴을 바라보며 기황후가 노기 띤 목소리로 말했다.

"물론 나는 참지 않을 거요. 머지않아 대군을 일으켜 건방진 고려를 쓸어버리고, 공민왕을 왕좌에서 끌어내릴 예정이오."

"당연히 그러셔야 억울하게 돌아가신 형제분들이 저승에서나마 편히 눈을 감으실 수 있을 겁니다."

"공민왕 이놈……."

최유가 기철 등을 언급하자 기황후의 눈에서 불꽃이 튀었다. 하지만 고려를 정벌한다는 것은 말처럼 쉬운 일이 아니었다. 당시 기황후는 남편인 순제의 총애를 한 몸에 받으며 제 1황후의 신분에까지 올랐고, 뿐만 아니라 같은 고려 출신의 환관 고용보 등을 앞세워 원나라 황실의 재정을 장악하고 황제 못지않은 권력을 누렸다. 그렇지만 원나라 자체는 힘이 크게 약화된 상태였다. 수십 년간 이어진 권신들 간의 다툼으로 군대가 약화되고, 백성들은 큰 고통을 겪었다.

원나라는 소수의 몽골족이 다수의 한족을 다스리는 체제로 유지가 되었는데, 한족들이 사방에서 반란을 일으켜 혼란이 끊이질 않았다. 이 한족 반란군을 '홍건적'이라 불렀는데, 이들은 어느덧 원나라 전체와 힘을 겨룰 정도의 실력을 쌓아가고 있었다. 이럴 때 대규모의 군대를 고려로 보낸다는 것은 결코 만만한 일이 아니었다.

몽골의 침공

"으음……, 하지만 아무리 졸라도 황제께서 꼼짝을 안 하시니……."

곤혹스런 표정을 짓는 기황후의 눈치를 살피던 최유가 교활하게 웃었다.

"대규모의 군대는 필요 없습니다. 제게 일만의 기마부대만 내어주십시오. 그럼 단숨에 고려로 쳐들어가 공민왕을 없애고, 덕흥군을 그 자리에 앉힐 것입니다."

"덕흥군이라고?"

"예, 충선왕의 셋째 아들입니다."

기황후가 생각난다는 듯 고개를 주억였다.

"맞아, 덕흥군이 대도에 머물고 있었지."

"덕흥군을 앞세우면 공민왕의 무리한 개혁 정책에 반대하는 고려의 귀족들도 저희를 지지하고 나설 것입니다. 그럼 일만의 병력으로도 충분히 고려를 무너뜨릴 수 있습니다."

"흐음……."

턱을 쓰다듬으며 골똘히 생각하던 기황후가 고개를 끄덕였다.

"알겠소. 그 정도 병력이라면 어떻게든 마련해 주리다."

"감사하옵니다, 황후마마. 반드시 공민왕을 사로잡아 오겠나이다."

"자, 왕비 먼저 드시오."

"아닙니다. 전하 먼저 드십시오."

아침부터 실랑이를 벌이는 공민왕과 노국공주를 이지가 인상을 찌푸린 채 바라보았다. 왕과 왕비는 침전에서 아침상을 받았다. 그런데 오늘따라 산삼을 넣고 푹 곤 삼계탕이 나왔다는 게 문제였다. 어느 심마니가 꿈속에서 산신령을 만난 후에 캐냈다는 산삼은 자그마치 백 년이나 묵은 영약이라고 했다. 심마니는 이 산삼을 원나라의 앞잡이들을 몰아내느라고 고생한 임금에게 바쳤고, 그것은 다소곳이 드러누운 백숙의 다리 사이에 끼워져 있었다.

공민왕과 노국공주는 이지가 지켜본다는 사실조차 잊은 채 서로의 입에 산삼을 넣어주겠다며 닭살 돋는 실랑이를 벌이고 있었던 것이다.

"아, 그만 좀 해요!"

이지가 탁자를 내리치며 소리치자 바로 앞에 마주앉아 있던 공민왕과 노국공주가 깜짝 놀라 돌아보았다.

공민왕이 이지를 향해 황당한 듯 물었다.

"이지야, 왜 소리는 지르고 그러느냐?"

"그깟 산삼 아무나 먹으면 어때서 아침 내내 실랑이를 벌이냔 말이에요?"

"짐은 병약한 왕비에게 먹이고 싶어서 그런다."

공민왕이 쑥스러운 듯 말하자 노국공주도 지지 않고 화답했다.

"나는 격무에 시달리시는 전하께서 드셨으면 한단다."

"알았어요. 알았으니까 이제 그만하고 아무나 드세요."

이지가 사정조로 말했지만 왕과 왕비는 멈출 생각이 없는 것 같았다.

"그럼 왕비가 드셔야……."

"전하께서 드셔야……."

"이리 내요!"

결국 이지가 젓가락으로 산삼을 빼앗았다. 그리고 입안에 넣고 우적우적 씹어 먹어버렸다. 산삼을 게 눈 감추듯 꿀꺽 삼켜버리는 이지를 공민왕과 노국공주가 황당한 듯 쳐다보았다. 이지가 손등으로 입가를 훔치며 히죽 웃었다.

"이제 안 다퉈도 되겠죠? 다른 반찬으로 아침 식사 맛있게 하세요."

공민왕이 결국 화를 냈다.

"무엄하구나! 시녀 주제에 감히 왕비의 음식을 빼앗아 먹다니!"

"흥, 제가 왜 시녀예요? 잠시 궁에 의탁하고 있는 것뿐이라고요."

"어허, 그래도!"

정말로 화를 내려는 공민왕의 팔소매를 노국공주가 끌어당겼다.

"전하께서 참으세요. 그래도 이지의 기지 덕분에 기철 등을 처단할 수 있지 않았습니까?"

"흠흠…… 노국공주께서 싸고도시니 이지의 버릇이 점점 나빠지는 겁니다."

"앞으론 제가 잘 타이르도록 하겠습니다."

말리는 시누이가 더 밉다고 했던가? 자신을 편들어주는 노국공주를 이지가 흘겨보았다. 왕 부부와 한 탁자에서 식사하던 이지가 결국 젓가락을 탁 놓고 일어섰다.

"저 좀 나갔다 올게요."

"이지야, 밥 먹다 말고 어딜 가니?"

노국공주가 물었지만 이지는 대답도 안 하고 휑하니 나가버렸다. 공민왕이 못마땅한 표정으로 중얼거렸다.

"이지 녀석, 버릇이 없어도 너무 없다니까."

이지는 오전의 화창한 거리를 걸었다. 고려의 수도 개경 거리는 사람들과 마차로 북적였다. 확실히 친원파들이 몰락하면서 거리는 훨씬 활기를 띠기 시작한 것 같았다.

"청자 사시오! 푸른빛이 고급스러운 고려청자!"

"모시 사시오! 유명한 한산 모시를 싸게 팔고 있소이다!"

"칠기를 보고 가시오!"

"죽은 사람도 벌떡 일으키는 인삼!"

시장으로 접어들자 상인들이 큰 소리로 손님들을 부르고 있었다. 예성강 하류 벽란도를 통해 들어온 파란 눈의 외국 상인들도 가끔 눈에 띄었다.

"고려시대에 이미 국제 무역이 발달했다는 말은 사실이었구나."

새삼 역사 시간에 배운 지식을 되뇌며 이지가 시장 안쪽으로 걸음을 옮겼다.

"어이, 아가씨! 예쁘게 생긴 아가씨!"

누군가 부르는 소리에 이지가 스윽 고개를 돌렸다. 얍샵하게 생긴 청년이 빙글빙글 웃으며 다가오고 있었다. 느끼하게 미소 지으며 앞에 서는 비단 장포에 가죽 장화를 신은 청년을 이지가 위아래로 훑어보았다.

"절 아세요?"

"국왕전하와 왕비마마의 총애를 한 몸에 받는 시녀 이지 양이 아니신지?"

"어라, 저를 어떻게 아세요?"

"나로 말할 것 같으면 궁에 필요한 물건을 공급하는 상인일세. 궁에 들어갔다가 얼굴을 몇 번 보았지."

"아하, 그렇군요."

청년이 양팔을 벌리며 호들갑스럽게 반가운 척을 했다.

"이렇게 바깥에서 이지 양을 만나게 되니 정말 반갑군. 그래서 말인데, 이지 양에게 작은 선물을 하고 싶은데."

"무슨 선물이오?"

"자, 받으시게."

청년이 이지의 눈앞으로 귀걸이를 하나 내밀었다. 푸른빛이 감도는 비취가 붙어 있는 매우 예쁜 귀걸이였다. 보석에는 관심이 없는 이지였지만 정교하게 세공된 귀걸이를 귀에 대보며 즐거워했다.

"와아, 정말 예뻐요. 이걸 저한테 주신다고요?"

"물론이지."

"정말 고마워요. 나중에 궁에서 만나면 꼭 보답할게요."

"원 별 말씀을."

이지가 귀걸이를 들여다보며 문득 고개를 갸웃했다.

"그런데 귀걸이가 한 짝뿐이군요. 나머지 하나는 어디에 있죠?"

청년이 손바닥으로 이마를 탁 치며 말했다.

"아차차, 내 정신 좀 보게. 귀걸이 한 짝을 상점에 놓아두고 왔군. 나와 함께 상점으로 가지 않겠나?"

친근하게 웃는 청년의 얼굴을 바라보며 이지는 잠시 망설이다가 흔쾌히 고개를 끄덕였다.

"좋아요. 가요."

"멀지 않은 곳이니 잠시만 걸으면 될 거야."

하지만 청년의 말은 사실과 달랐다. 좁은 골목을 몇 번이나 꺾어지며 걸어 들어갔지만 상점은 나타나지 않았다. 게다가 골목 안쪽으로 갈수록 행인들의 통행마저 끊겨 이지를 불안하게 만들었다.

"대체 어디까지 가는 거예요? 조금만 가면 된다고 했잖아요?"

항의하는 이지를 돌아보며 청년이 빙그레 미소 지었다.

"이 골목만 빠져나가면 돼. 정말이야."

골목을 빠져나가자 정말 허름한 상점이 나타났다. 널빤지로 엉성하게 벽을 만들어 지은 상점은 당장이라도 허물어질 것 같았다. 청년이 문이 활짝 열린 채 을씨년스런 분위기를 풍기는 상점 안쪽을 가리키며 씨익 웃었다.

"드디어 다 왔군. 자, 들어가세."

"……."

그 자리에 얼어붙은 이지를 청년이 힐끗 돌아보았다.

"들어가자니까."

"싫어요. 안 들어갈래요."

"왜 그러냐?"

"저 집 왠지 불길해요. 들어가면 무서운 일을 당할 것 같아요."

청년이 뒷걸음질을 하는 이지를 향해 어깨를 으쓱했다.

"정 그렇다면 할 수 없구나."

"와아아!"

순간 집 안쪽에서 검을 든 십여 명의 청년들이 쏟아져 나왔다. 험악한 인상의 청년들이 비명을 지르며 달아나는 이지를 득달같이 쫓아갔다.

쿵!

"어이쿠!"

막 골목 입구로 들어가려던 이지가 누군가의 가슴에 얼굴을 부딪치며 벌러덩 넘어졌다.

"사, 살려주세요! 전 아무 잘못도 하지 않았어요!"

벌떡 무릎을 꿇으며 양손을 비벼대던 이지가 멈칫했다. 감색 저고리 위에 곰 가죽을 걸치고 허리에는 검을 찬 청년은 분명 이성계였다. 이성계가 부리부리한 눈으로 이지를 내려다보았다.

"내가 언제 널 죽인다고 했냐?"

"너, 너 이성계 맞지?"

"그래, 맞다."

"너도 한패였구나!"

퍼억!

이지가 박차고 일어서며 냅다 이성계의 정강이를 걸어찼다. 하지만 그는 모기에게 물린 듯 꿈쩍도 하지 않았다.

"이, 이럴 리가 없는데?"

그가 당황하는 이지의 어깨를 잡아 멍하니 서 있는 비단 장포 청년과 검을 꼬나 쥔 청년들 쪽으로 돌려세웠다. 그 상태에서 이성계가 이지의 귓가에 대고 속삭였다.

"어이, 나는 저놈들과 한패가 아니거든."

"그럼 왜 이곳에 와 있는 건데?"

"그야 시장에서부터 수상한 녀석을 졸졸 따라가는 너를 발견하고 쫓아왔지."

"정말이야?"

이지의 의심은 비단 장포 청년이 앞으로 한 걸음 나서면서 풀렸다.

"이성계라고 했나? 그 계집아이를 넘겨주고 물러간다면 해치지는 않겠다."

이지가 청년의 얼굴을 가리키며 소리쳤다.

"당신 정체가 뭐야? 왜 나를 해치려는 건데?"

이지를 쏘아보며 청년이 나직이 내뱉었다.

"나는 기유걸이라고 한다."

"기유걸? 처음 듣는 이름인데?"

고개를 갸웃하는 이지의 어깨 너머에서 이성계가 말했다.

"기유걸……, 기철의 아들이지 아마?"

"아……."

그제야 이지가 짧은 신음을 흘렸다. 기철은 얼마 전에 궁궐 연회에 참석했다가 공민왕에 의해 처단된 몽골의 앞잡이였다. 그리고 기철을 해치우는 데 이지가 큰 공을 세웠다. 기철의 아들인 기유걸이 자신을 노리는 것도 당연했다.

기유걸이 이지를 가리키며 버럭 고함쳤다.

"계집을 죽여라!"

청년들이 이지를 노리고 검을 찌르며 달려들었다. 이성계가 이지를 뒤쪽으로 화악 밀치며 튀어나갔다. 검을 길게 휘둘러 청년들의 검을 튕겨낸 이성계가 땅을 차고 도약했다. 이성계가 공중에서 연달아 검을 찔렀다.

"아악!"

"크흑!"

눈에 보이지도 않을 정도의 빠른 검에 청년 서넛이 순식간에 피를 뿌리며 뒹굴었다. 나머지 청년들이 무서운 기세로 덤벼들었지만 이성계는 때론 막고 때론 피하며 여유 있게 대응했다. 이성계가 다시 폭풍 같은 기세로 검을 휘두르자 나머지 청년들도 비명을 지르며 쓰러졌다.

"이성계 이놈!"

기유걸이 벼락처럼 고함을 지르며 이성계에게 덤벼들었다. 이성계도 마주 달려갔다.

카앙!

두 사람의 검이 부딪치며 불꽃이 튀었다. 두 사람은 단숨에 수십 합을 주고받았다. 둘 다 대단한 검법을 지니고 있어서 승부는 쉽게 가려지지 않았다.

터억!

"윽!"

이때 이성계의 발이 나무뿌리에 걸렸다. 순간 휘청하는 이성계의 가슴을 노리고 기유걸이 검을 찔렀다.

"꺄악! 조심해!"

이지가 빽 비명을 질렀다. 동시에 이성계가 허리를 눕힐 듯 젖혔다. 기유걸의 예리한 검이 이성계의 얼굴을 아슬아슬하게 스치고 지나갔다. 이성계가 허리를 비틀며 일어서는가 싶더니 기유걸의 텅 빈 옆구리를 노리고 검을 휘둘렀다.

"으악!"

허리 깊숙이 검날이 박히며 기유걸이 비명을 내질렀다. 피가 줄줄 흐르는 옆구리를 감싼 채 기유걸이 겁에 질린 이지를 노려보았다.

쿠웅!

뒤쪽으로 천천히 넘어가던 기유걸이 땅바닥에 세차게 뒤통수를 처박았다.

"후욱…… 후욱……."

기유걸의 시체를 내려다보며 숨을 헐떡이는 이성계의 옆으로 이지가 다가왔다.

"정말 고마워."

"!"

진심으로 말하는 이지를 이성계가 흠칫 돌아보았다. 그가 장난스럽게 웃으며 말했다.

"뜻밖이로군."

"뭐가?"

"쌀쌀맞은 태도 때문에 네가 나를 굉장히 싫어하는 줄 알았거든. 그런 너한테 고맙다는 인사를 듣게 될 줄은 몰랐다."

이지가 퉁명스럽게 말했다.

"싫고 좋고를 떠나 고마운 건 고마운 거야."

이성계가 씰룩했다.

"날 싫어하는 건 사실이란 뜻이네?"

"아마도."

"어째서? 우린 전에 만난 적도 없잖아?"

"그건…….''

잠시 할 말을 찾던 이지가 한숨을 푹 쉬었다.

"사람을 싫어하는 데 꼭 이유가 있어야 하니? 그냥 첫인상이 싫었

"을 수도 있잖아."

"으음……."

이지의 얼굴을 째려보던 이성계가 고개를 홱 돌리며 중얼거렸다.

"쳇, 괜히 나 혼자 좋아했군."

"방금 뭐라고 했지?"

"아무것도 아니야. 그만 궁으로 돌아가 봐라."

이성계가 돌아서서 빠르게 걸음을 옮겼다. 이지가 그를 헐레벌떡 쫓아갔다.

"야…… 야! 같이 가야지!"

궁으로 돌아온 이지는 궁궐 전체가 소란스러운 것을 깨달았다. 용호군 병사들이 사방으로 뛰어다녔고 궁녀들도 허둥지둥 정신이 없었다. 공민왕은 대전에 들어 있었으므로 이지가 왕비의 침전으로 달려갔다.

"노국공주님, 궁이 왜 벌집을 들쑤셔놓은 것처럼 어수선하죠?"

초조한 듯 방안을 서성이던 노국공주가 이지의 손을 와락 잡았다.

"아무래도 전쟁이 터질 것 같구나."

"갑자기 전쟁이라뇨?"

노국공주가 우울하게 말했다.

"갑자기가 아니야. 기철 일당을 처단하면서 각오했어야 하는 일이란다."

"그, 그럼 몽골이 쳐들어오는 건가요?"

"기황후의 심복을 자처하는 고려인 최유라는 자가 덕흥군을 고려의 새 왕으로 선포하고, 몽골의 정예기병 일만을 이끌고 압록강으로 향하고 있다는 구나."

"덕흥군이 대체 누구죠?"

"그건 내가 설명하마."

뒤쪽에서 들리는 목소리에 이지와 노국공주가 돌아섰다. 긴장한 기색이 역력한 공민왕이 침전으로 들어오고 있었다.

"전하를 뵈옵니다."

나란히 고개를 숙이는 이지와 노국공주 앞에 서서 공민왕이 설명했다.

"덕흥군은 짐의 조부이자 전전대 국왕인 충선왕의 셋째 아들이란다. 사사로이는 나의 숙부가 되지. 자신도 왕위를 물려받을 자격이 있다고 보고, 기황후에게 아부하여 짐의 자리를 노리고 있는 것이다. 이게 모두 지난 수십 년간 원이 마음대로 고려의 왕을 갈아치운 탓이란다."

비극적인 왕실의 역사에 대해 말하는 공민왕의 표정이 착잡했다. 이지가 그런 공민왕을 위로했다.

"나쁜 건 남의 나라 왕을 함부로 갈아치우는 원나라지 전하가 아니에요. 다시는 그런 굴욕을 당하지 않기 위해서라도 최유와 덕흥군을 반드시 물리쳐야 해요."

공민왕이 확고한 표정으로 고개를 끄덕였다.

"물론이다. 그래서 짐은 최영을 도순위사, 이성계를 부순위사로 임명해 몽골군을 격퇴하려고 한다."

"이성계는 안 돼요!"

이지가 빽 소리치자 공민왕이 깜짝 놀랐다.

"이성계가 어때서? 그는 부친 이자춘과 함께 고려의 북방을 튼튼하게 지킨 충신 중의 충신이다."

"하, 하지만 너무 어리잖아요."

억지로 둘러대는 이지를 보며 공민왕이 피식 웃었다.

"걱정마라. 이지 너와 비슷한 또래지만 이미 수백의 적을 벤 용맹한 장군이다."

"하지만……."

"이번 전쟁에는 짐도 두 장군과 함께 출전할 것이다."

"예에? 전하께서 친히 전쟁터로 가신다고요?"

이번엔 노국공주가 눈을 부릅떴다. 비록 지금은 힘이 많이 약해졌지만 몽골의 기마부대는 패배를 모르는 무적의 군대였다. 노국공주가 공민왕을 말리고 나섰다.

"개경에서 승전보를 기다리십시오. 전선까지 나가는 것은 너무 위험합니다."

"이번 전투가 얼마나 중요한지 아시지 않소? 장군들과 병사들만 전쟁터로 내몰고, 왕은 궁에서 편히 쉬고 있다면 누군들 목숨 바쳐 싸우려고 하겠소?"

"전하."

"이미 결심했으니 노국공주는 더 이상 말리지 마시오."

"좋습니다. 그럼 저와 이지도 함께 가겠습니다."

"뭐라고요?"

둥- 둥- 둥- 둥-

며칠 후 아침, 북소리가 요란하게 울려퍼지는 가운데 공민왕은 최영, 이성계가 이끄는 이만의 고려군을 이끌고 궁궐을 나섰다. 비장한 얼굴로 말에 오른 공민왕의 좌우편에는 이지와 노국공주가 따르고 있었다.

"와아아!"

"국왕전하 만세!"

"반드시 몽골군을 물리쳐 주소서!"

백성들이 거리로 쏟아져 나와 북방으로 향하는 공민왕의 승리를 기원했다. 공민왕이 백성들을 둘러보며 안타까운 듯이 말했다.

"공포에 질린 백성들의 얼굴을 보라. 저들은 다시 몽골의 노예가 될까 봐 전전긍긍하고 있는 것이다."

공민왕이 주먹을 와락 움켜쥐며 눈을 번뜩였다.

"나는 결코 저들을 몽골의 발톱 아래 던져주지는 않을 것이다."

이지와 노국공주는 공민왕을 돌아보며 고개를 끄덕였다.

개경을 떠난 고려군은 곧장 의주로 향했다. 최유가 원나라 기마부

대 일만을 데리고 압록강을 건너 이미 의주성을 포위했다는 보고가 전해졌기 때문이다.

고려군이 의주에 도착했을 때는 몽골군이 이미 의주성을 함락시킨 후였다. 공민왕은 최영과 이성계에게 명령을 내려 즉시 몽골군을 공격하도록 지시했다.

"와아아! 고려군을 죽여라!"

"고려왕을 사로잡아라!"

고려군이 의주성으로 접근하자 성안에 있던 몽골 기마병들이 창검을 휘두르며 달려 나왔다. 그들이 보기에 고려군은 지난 백 년간 자신들의 깃발만 봐도 꼬랑지를 말던 오합지졸에 불과했다. 최영이 의주성 앞 드넓은 평원에서 침착하게 적을 맞이했다. 최영은 보병 위주의 고려군을 두 개 부대로 분리하여 첫 번째 부대는 앞 열에 세우고, 두 번째 부대는 약간 뒷 열에 세웠다. 첫 번째 부대는 주로 사거리가 긴 강궁을 든 궁병들로 이루어졌다. 이 궁병들이 먼저 무방비 상태로 달려오는 몽골 기마부대를 향해 화살을 겨누었다.

최영이 궁병들 맨 앞쪽에서 검을 쳐든 채 소리쳤다.

"아직 쏘지 마라! 적이 더 가까이 올 때까지 기다려야 한다!"

우투투투투!

적이 바로 앞까지 다가왔지만 최영의 칼날은 아직 하늘을 향한 채였다. 멀찍이 떨어진 언덕 위에서 공민왕, 노국공주와 함께 전장을 내려다보던 이지가 발을 동동 굴렀다.

"이러다 우리 병사들이 몽골군의 말발굽에 짓밟히겠어요."

공민왕이 침착한 얼굴로 이지를 달랬다.

"최영은 고려 최고의 명장이다. 그를 믿고 기다려야 한다."

순간, 최영이 힘차게 검을 내리그으며 외쳤다.

"쏴라!"

동시에 수백, 수천 대의 화살이 하늘을 새까맣게 뒤덮으며 날아갔다. 하늘 높이 떠올랐다가 가속도가 붙어 쏟아지는 화살에 얼굴, 목, 가슴을 관통당한 기마병들이 붕붕 튕겨나갔다. 자욱한 흙먼지와 함께 말의 울부짖음과 몽골군의 비명 소리가 들판을 가득 메웠다.

"후퇴! 후퇴하라!"

최영이 재빨리 후퇴 명령을 내렸다. 첫 번째 부대가 신속하게 물러서고, 두 번째 부대가 앞으로 나섰다. 두 번째 부대는 방패와 긴 창을 든 창병들이었다. 병사들이 방패로 땅바닥을 찍으며 창을 앞으로 내밀었다.

퍼퍼퍼퍼퍽!

"으악!"

"크흑!"

"끄아악!"

무서운 속도로 달려들던 몽골의 말과 병사들이 창에 관통당하며 처절하게 비명을 질렀다. 승리의 여신이 고려군을 향해 미소 짓고 있는 것처럼 보였다. 하지만 몽골군은 역시 세계를 주름잡는 최강의 군대다웠다. 이미 죽은 말과 동료들의 시체를 짓밟고 기어이 고려군의 저지선을 돌파했다. 일단 돌파를 당하자 고려군은 정신없이 밀리기 시작했다. 몽골군의 사나운 말발굽에 고려군이 차례로 피를 흘리며 쓰러졌다.

최영이 다시 검을 쳐들었다.

"기마군 출동!"

그때까지 모습을 보이지 않았던 고려 기마부대가 몽골군의 측면에서 바람처럼 나타났다. 선두에서 고려 기마부대를 이끌고 있는 장수는 이성계였다. 북방에서 자란 이성계의 기마부대는 강했다. 그들이 측면을 사납게 공격하자 몽골군도 더 이상 견디지 못하고 퇴각하기 시작했다.

"퇴각하라!"

"의주성으로 피신하라!"

몽골군은 의주성으로 들어가 성문을 꼭꼭 걸어 잠갔다. 최영과 이성계가 힘을 합쳐 공격했지만 성벽에 의지한 몽골군을 쉽게 굴복시키지는 못했다. 지루한 공성전이 열흘 넘게 계속되었다. 그 사이 계절은 봄에서 여름으로 바뀌었다. 날씨는 점점 무더워지고, 고려와 몽골 양측 모두 지치기 시작했다.

"후우우…… 정말 큰일이구나."

전투가 잠시 소강상태에 접어든 때, 공민왕은 이지, 노국공주와 함께 언덕 위에 올라 의주성을 굽어보고 있었다. 이지가 수심에 잠긴 공민왕의 얼굴을 의아한 듯 돌아보았다.

"우리가 성을 겹겹이 포위하고 있는데 뭐가 큰일이란 거죠?"

답답한 듯 한숨을 푹 쉬는 공민왕을 대신해 노국공주가 설명했다.

"전투가 길어지면서 몽골군뿐 아니라 우리의 피해도 눈덩이처럼 불어나고 있어. 더 큰 문제는 최유가 원의 수도 대도에 구원병을 청했다는 사실이야. 여기서 전투가 더 길어져 기황후가 정말 구원병을 보낸다면 고려군은 단숨에 무너질 수도 있어."

"정말 큰일이군요."

그제야 사태의 심각성을 깨달은 이지의 표정이 핼쑥해졌다. 턱을 매만지며 고민하던 이지가 불쑥 말했다.

"내게 좋은 생각이 있어요."

"무슨 생각?"

공민왕이 한 가닥 기대를 품고 이지를 돌아보았다.

"사실 최유만 잡으면 전쟁이 끝나지 않겠어요?"

"그야 그렇지."

"그러니까 내가 성안으로 들어가서 최유를 잡아오겠어요."

공민왕이 기가 막힌 듯이 웃었다.

"이지 너는 전쟁이 장난인 줄 아는 모양이구나? 네가 의주성에 들어가서 최유를 내놓으라고 호통 치면 몽골군이 내놓을 줄 아느냐?"

"물론 내가 하면 콧방귀도 안 뀌겠죠. 하지만 다른 누군가가 말하면

통할지도 몰라요."

"그 누군가가 대체 누군데?"

이지가 노국공주를 스윽 보았다. 공민왕의 시선도 노국공주에게로 향했다. 공민왕이 황당한 듯 말했다.

"그러니까 네 말은…… 노국공주를 앞세워 최유를 포박해오겠다는 뜻이냐?"

"맞아요."

"네가 제정신이 아니구나?"

공민왕이 화를 냈지만 이지는 물러서지 않았다.

"대도에서 몽골 구원병이 출병하면 고려가 끝장난다면서요? 그렇다면 왕비마마든 누구든 모험을 감수해야 하는 거 아닌가요?"

"닥치지 못할까?"

버럭 소리치는 공민왕의 옷소매를 노국공주가 붙잡았다.

"진정하세요, 전하."

"하지만 이지가 말도 안 되는 소리를……."

"이지는 총명한 아이입니다. 분명 작전이 있을 겁니다."

"대체 무슨 작전 말이오?"

이지가 머뭇거리자 노국공주가 대신 설명했다.

"이지는 저를 데리고 의주성으로 들어가 이렇게 말하라고 시킬 거예요. 모국인 원나라에 반기를 든 전하를 섬길 수 없어 고려의 장군들과 함께 전하를 감금하고, 최유와 덕흥군을 마중하러 왔노라고 말

입니다."

이지가 이채를 띠고 노국공주를 바라보았다. 아직 설명도 하지 않은 작전을 그녀는 정확하게 꿰뚫고 있었던 것이다. 새삼 노국공주가 보통 여자가 아니라고 생각하고 있는 이지를 향해 그녀가 물었다.

"이지야, 네가 생각 중인 작전이 이게 맞니?"

"마, 맞는 것 같아요."

"그래, 우리 둘이 큰일을 한번 해보자꾸나."

빙그레 미소 짓는 노국공주와 시선을 마주보며 이지가 고개를 끄덕였다.

공민왕이 다시 소리쳤다.

"안 되오! 공주를 사지로 들여보낼 순 없소!"

화가 치민 이지가 쏘아붙였다.

"그럼 나는 어떻게 되든 상관없다는 거예요?"

"그, 그런 뜻이 아니라……."

결국 두 여자가 공민왕의 고집을 꺾고 다음 날 의주성으로 들어가기로 했다. 이지는 자신들을 호위할 장군으로 이성계를 지목했다. 최영과 다른 장군들도 이지의 작전에 따라 일사분란하게 움직이기 시작했다.

5
대초원의 노래

"뭐라고? 고려군 진영에서 사자가 도착했다고?"

다음 날 아침, 의주성 별채에서 덕흥군과 마주앉아 식사 중이던 최유가 놀라 소리쳤다. 몽골군 장수 하나가 탁자 앞에서 머리를 조아렸다.

"틀림없습니다."

"거참 이상하군. 포위당한 쪽은 우리인데, 왜 고려군이 사자를 파견했을까?"

덕흥군이 조심스럽게 말했다.

"대도에서 곧 구원병이 출병한다고 하지 않았소? 저들이 그 소식을 듣고 놀라 화친을 청하는 것이겠지요."

"과연 그럴 수도 있겠군요."

최유가 몽골 장수를 향해 명령했다.

"그래서 사자로는 누가 왔다더냐?"

"이성계라는 젊은 장수와 공민왕의 시녀랍니다."

최유의 표정이 일그러졌다.

"이름조차 들어본 적 없는 애송이 장군과 시녀라고? 그게 무슨 사자란 말이냐?"

덕흥군이 최유를 설득했다.

"그러지 말고 일단 만나보십시다. 우리야 손해 볼 게 없지 않소."

"하긴 그렇군요. 여봐라, 고려의 사자를 이리로 불러라."

잠시 후, 이성계와 이지 그리고 노국공주가 몽골 병사들에게 둘러싸인 채 별채 안으로 들어왔다. 노국공주는 면사포로 얼굴을 가린 채였다. 최유가 덕흥군과 함께 탁자 앞에 앉아 세 사람을 지그시 쏘아보았다.

"너희가 공민왕이 보낸 사자가 맞느냐?"

이지가 앞으로 한 걸음 나서며 대답했다.

"그렇습니다."

"공민왕이 우리에게 왜 사자를 보냈지? 혹시 항복하겠다고 하더냐?"

"항복은 우리가 아니라 그쪽이 해야겠지요."

비웃음을 흘리는 이지를 향해 최유가 버럭 화를 냈다.

"우리 몽골군이 고려군 따위에게 항복할 성 싶으냐?"

"하지만 지난 열흘간의 전투로 몽골군은 숫자가 반으로 줄었고, 의주성 내의 식량도 바닥을 드러내고 있잖아요? 누가 봐도 이건 고려에 유리한 싸움이에요."

"끄으으……."

이를 악물고 부들부들 떨던 최유가 이지를 가리키며 콧방귀를 뀌었다.

"대도에서 곧 구원병이 출병할 것이다. 그때도 너희들이 기고만장할 수 있을까, 응?"

"그, 그건……."

그제야 이지도 기가 꺾였다. 할 말을 잃고 우물쭈물하는 이지의 얼굴을 보며 최유와 덕흥군이 득의만만하게 웃었다.

"이제 너희가 왜 항복해야 하는지 알았겠지?"

입을 꾹 다문 이지 옆에 서 있던 노국공주가 면사포를 확 젖히고 얼굴을 드러냈다.

"최유 장군의 지적이 정확하십니다."

"노, 노국공주……?!"

노국공주의 얼굴을 알고 있는 최유와 덕흥군이 경악했다. 최유가 믿기지 않는다는 표정으로 물었다.

"설마 공민왕이 자신의 왕비를 사자로 보낸 겁니까?"

노국공주가 희미하게 미소 지으며 고개를 가로저었다.

"그럴 리가 있나요? 저는 스스로 최유 장군과 덕흥군을 만나러 입성했답니다."

"부군인 공민왕도 모르게 스스로 왔다고요?"

최유와 덕흥군이 다시 질린 눈으로 서로의 얼굴을 보았다. 최유의 날카로운 시선이 노국공주에게로 옮겨졌다.

"이유를 여쭤 봐도 될까요?"

"……."

노국공주가 잠시 침묵했다. 최유가 재촉했다.

"이유를 여쭤 보았습니다만."

"나는 어느 나라의 백성입니까?"

"그야……."

노국공주의 갑작스런 질문에 최유가 당황했다. 덕흥군도 놀란 표정으로 노국공주를 보았다. 노국공주가 낮게 깔리는 소리로 말했다.

"여러분도 알다시피 저는 대초원에서 태어난 몽골의 여식입니다. 제 부친은 원나라의 위왕이셨고, 저 역시 황족의 일원이었습니다."

"으음……."

수긍하듯 고개를 끄덕이는 최유와 덕흥군을 보며 이지가 내심 안도의 한숨을 쉬었다. 노국공주의 목소리가 살짝 높아졌다.

"이런 내가 부군이 몽골의 충신들인 기씨 형제들을 참살하고 원나라의 관습을 폐지하는 등 조국을 배신하는 모습을 지켜보면서 과연 마음이 편했을까요?"

최유가 고개를 홱홱 가로저었다.

"물론 아니겠지요."

"맞아요. 나는 피 끓는 심정으로 부군에게 애원했어요. 제발 원나라 황실의 신하답게 경거망동하지 말고 충성을 바치라고 말이에요. 하지만 부군은 그런 나를 무시하고 계속 우리 조국에 대한 적대적인 행위를 일삼았어요. 이번 전쟁만 해도 나는 최유 장군과 맞설 것이 아니라 대도의 황궁으로 나와 함께 입궁하여 황제폐하와 황후마마에게 무릎 꿇고 용서를 빌자고 청했어요. 그러면 폐하께서도 노여움을 푸시고 덕흥군을 새 고려왕으로 앉히겠다는 결심을 철회하실 거라고 말입니다. 그런데…… 그런데……."

눈물까지 글썽이는 노국공주를 향해 최유가 쐐기를 박듯이 말했다.

"공민왕은 이번에도 군사를 일으켜 황제폐하의 군대에 정면으로 맞섰지요."

"맞는 말씀이에요."

노국공주가 절망적으로 중얼거렸다. 최유가 교활하게 눈을 빛냈다.

"황실에서도 노국공주마마의 충성심에 대해선 잘 알고 있습니다. 그래서 특별히 저희를 찾아오신 이유가 무엇인지……?"

노국공주의 표정이 확고하게 변했다.

"나는 대도에서 구원병이 도착하기 전에 이 전쟁을 끝내야 한다고 생각합니다. 그래야 양측의 희생을 최소화할 수 있을 테니까요."

"옳은 말씀입니다. 하지만 공민왕이 저렇게 고집을 피우니 어쩌겠습니까?"

"왕은 더 이상 고집을 피우지 못할 겁니다."

"그게 무슨 말씀이신지……?"

노국공주가 대답하지 않고, 이성계를 힐끗 돌아보았다. 이성계가 가슴을 쭉 펴며 우렁찬 목소리로 말했다.

"공민왕께 충성하는 최영 장군을 제외한 우리 젊은 장군들은 왕비마마께 충성하기로 맹세했소. 이에 우리는 지난밤 최영을 척살하고, 공민왕을 생포하였소이다."

"최영을 죽이고 공민왕을 사로잡았다고……?!"

최유와 덕흥군이 찢어질 듯 눈을 부릅떴다. 두 사람의 얼굴을 똑바로 쳐다보며 노국공주가 힘주어 말했다.

"하지만 아직도 공민왕을 따르는 장수들이 거세게 저항하고 있어요. 이럴 때 덕흥군이 고려군 진영으로 가서 새로운 임금으로 등극한다면 소동은 가라앉을 겁니다."

"공주께서 나를 새로운 국왕으로 인정해주시겠다는 말입니까?"

"그래요."

"하지만 공민왕은 공주의 부군이거늘 어찌……?"

"몽골에 충성하지 않는 이상 그는 더 이상 나의 부군이 아닙니다."

"하아……."

덕흥군이 기가 막힌 듯 한숨을 몰아쉬며 최유를 돌아보았다. 그의 눈은 최유에게 어떡하면 좋겠느냐고 묻고 있었다. 최유가 턱을 매만지며 깊은 고민에 잠겼다. 늙은 너구리처럼 눈을 반짝이는 최유를 지켜보며 이지는 마른침을 삼켰다. 최유의 말 한마디에 이번 작전의 성

패가 달려 있는 것이다. 한참만에야 최유가 고개를 끄덕였다.

"좋습니다. 공주마마의 말씀을 믿기로 하지요."

노국공주가 애써 태연을 가장하며 답했다.

"당연히 그러셔야지요."

"그럼 저와 덕흥군이 성문을 열고 고려군 진영으로 가면 되겠군요?"

"빠르면 빠를수록 좋아요."

"지금 바로 출발하도록 하죠. 덕흥군께서도 일어나시죠."

최유와 덕흥군이 자리를 박차고 일어나 별채 밖으로 나갔다. 두 사람을 따라가며 이지와 노국공주가 의미심장한 눈빛을 교환했다. 작전이 제대로 들어맞고 있는 것이다.

최유는 몽골군 백 명 정도를 이끌고 덕흥군과 나란히 활짝 열린 성문을 향해 걸어갔다. 이지, 노국공주, 이성계가 두 사람을 따랐다. 막 성문을 나서려던 최유가 문득 멈춰 섰다. 그리고 이지를 힐끗 보며 물었다.

"얘야, 너는 이름이 무엇이냐?"

"저요? 이지라고 하는데요."

최유가 이지를 향해 씨익 웃었다.

"그래, 이지야. 너는 성안에 잠시 남아 있도록 해라."

"왜, 왜요?"

"방금 한 가지 생각이 퍼뜩 스치고 지나갔단다. 만약 이 모든 게 함정이라면 어떻게 될까? 그럼 나와 덕흥군은 바보처럼 제 발로 고려군 진영으로 갔다고 개죽음을 당하겠구나."

"……."

이지가 아무 말도 못한 채 최유의 얼굴을 보았다. 이때 노국공주가 재빨리 끼어들었다.

"부디 의심을 거두세요, 최유 장군. 나는 조국을 위해 부군까지 버리면서 덕흥군을 선택했어요."

"물론 저는 노국공주님을 믿습니다. 하지만 만일의 경우라는 게 있지 않습니까?"

"그, 그렇지만……."

노국공주가 고집스런 최유의 얼굴과 울상으로 변한 이지의 얼굴을 번갈아 보았다. 그녀도 이 갑작스런 사태에 어떻게 대응해야 좋을지 갈피를 잡지 못하는 것 같았다. 이성계가 입을 연 것은 그때였다.

"이깟 시녀아이를 인질로 잡아 무엇에 쓰겠소? 차라리 내가 인질로 남겠소이다."

"모처럼 나서줬는데 안됐군. 나는 이 보잘 것 없는 시녀아이가 더 마음에 든다네."

이죽거리는 최유를 향해 노국공주가 말했다.

"시녀아이보다야 고려의 장군이 낫지 않겠습니까?"

최유가 이지에게 시건을 고정시킨 채 히죽 웃었다.

"아까 보니 이 아이가 나와 덕흥군을 설득하는 데 가장 앞장을 서더군요. 단순히 시녀아이라면 그렇게 할 수 없었겠지요. 제 눈에는 이

아이가 공주님께 매우 중요한 인물처럼 보입니다만."

"으음……."

노국공주도 할 말을 잃고 말았다. 이지를 빼내려고 더 이상 무리했다간 최유의 의심을 살 게 뻔하기 때문이다. 하지만 이지를 몽골군이 득실거리는 성안에 남겨두고 갈 수는 없는 노릇이었다. 자신들이 최유와 덕흥군을 처단하면 이지도 즉시 목숨을 잃게 될 게 뻔했다. 노국공주가 어찌할 바를 모르고 고민하고 있을 때, 이지가 빙그레 미소를 지었다.

"정 그렇다면 제가 남을게요."

"이지야……."

노국공주를 향해 이지가 태연히 말했다.

"어차피 덕흥군께서 왕이 되시면 저를 풀어주실 거잖아요."

덕흥군이 당연하다는 듯 고개를 끄덕였다.

"그야 물론이다."

최유가 앞장서서 성 밖으로 걸음을 옮겼다.

"자, 그럼 가실까요?"

성 안쪽에 남아 있는 이지를 한사코 돌아보며 노국공주와 이성계도 성문을 통과했다.

"덕흥군 만세!"

"최유 장군 만세!"

진영 안으로 천천히 걸어 들어오는 최유와 덕흥군을 향해 고려 병사들이 창검을 흔들며 만세를 외쳤다. 덕흥군이 살짝 흥분한 얼굴로 최유를 돌아보았다.

"장군, 노국공주님의 말씀이 사실인 모양이오."

"아직 안심하기엔 이릅니다."

"그게 무슨 말이오?"

최유가 우뚝 걸음을 멈추고 노국공주와 이성계를 향해 돌아섰다.

"고려군은 공민왕 찬성파와 반대파로 갈려 피터지게 싸우고 있다고 하지 않으셨던가요?"

노국공주가 최유를 쏘아보며 이를 갈아붙였다.

"최유 네놈을 속이기란 과연 쉬운 일이 아니구나? 이성계 장군, 두 역적 놈을 포박하시오."

"옙, 마마!"

이성계와 고려군이 검을 뽑아들고 최유와 덕흥군을 호위 중인 백여 명의 몽골군을 공격했다. 몽골군은 격렬하게 저항했지만 오래 버티지 못하고 차례로 피를 뿌리며 쓰러졌다.

"이놈들, 무릎을 꿇어라!"

이성계가 피 묻은 검으로 최유와 덕흥군의 얼굴을 겨누었다. 덕흥군은 다리를 후들후들 떨며 무릎을 꿇었지만 최유는 눈도 깜빡하지 않았다. 이때 최영의 호위를 받으며 공민왕이 다가왔다.

최유가 자신 앞에 우뚝 버티고 서는 공민왕을 향해 고개를 까닥였다.

"오랜만입니다, 왕전님."

최유가 무엄하게도 왕의 이름을 부르자 격분한 최영이 검을 뽑아 목을 베려고 했다.

"이 무엄한 역적 놈아!"

"멈추세요, 장군!"

노국공주가 재빨리 팔을 뻗어 최영을 제지했다.

"이자를 해쳐서는 안 됩니다."

"어째서요? 어차피 작전이 성공하면 두 역적을 처치하기로 하지 않았습니까?"

"그게……."

당황하는 노국공주를 대신해서 최유가 비웃듯이 말했다.

"실은 의주성 안에 인질을 붙잡아두었거든."

"인질이라면 대체 누구를……?"

주위를 둘러보던 공민왕이 움찔했다.

"그러고 보니 이지가 보이지 않는군?"

노국공주가 최유를 가리키며 분한 듯이 말했다.

"성을 빠져나오기 직전, 저 교활한 자가 인질로 잡아두었어요."

"이, 이런……."

공민왕도 낭패한 표정을 지었다. 최유가 약 올리듯이 말했다.

"제가 왕전님을 전하라고 부르지 않는 것은 이미 왕이 아니시기 때문입니다. 원나라 조정이 충정왕을 폐위하고 왕전님을 고려의 국왕으로 세운 것을 기억하시겠지요? 그때 왕전님은 원의 황제께 신하로서 충성할 것을 맹세하셨습니다. 그런데 이제 의리를 배신한 죄로 황제로부터 폐위를 명령받으셨으니, 더이상 왕이 아니라 왕전님이라 불리는 게 순리에 맞습니다."

"이놈이 그래도!"

"기다리게!"

다시 검을 쳐드는 최영을 공민왕이 말렸다. 공민왕이 느물거리는 최유를 지그시 쏘아보았다.

"이자를 죽이면 성안에 잡혀 있는 이지도 죽은 목숨이야."

"시녀 하나 때문에 이런 기회를 놓칠 수는 없습니다. 무조건 최유와 덕흥군을 죽여야 합니다."

"으음……."

공민왕이 선뜻 대답하지 못하고 신음을 흘렸다. 최유가 핼쑥해진 노국공주의 얼굴을 쳐다보며 이죽거렸다.

"최영 장군께선 뭔가 착각하고 계시는구려. 내가 보기에 그 이지라는 아이는 단순히 시녀가 아니오. 적어도 노국공주께선 그 아이를 친자매처럼 생각하신단 말이지."

최영과 이성계가 긴장된 눈으로 노국공주를 보았다. 공민왕도 노국공주에게 시선을 옮기며 고개를 끄덕였다.

"어차피 이 결정은 노국공주께서 내리는 게 좋을 것 같소. 이지를 구할 것인가, 아니면 역적들을 처단하고 전쟁을 끝낼 것인가."

"으음……."

곤혹스런 표정으로 신음을 흘리던 노국공주가 천천히 입을 열었다.

"전하께서 허락하신다면 최유와 덕흥군을 의주성으로 돌려보내고 싶습니다."

"마마……."

최영은 도저히 이해할 수 없다는 표정을 지었고 이성계는 가슴을 쓸어내렸다. 공민왕이 순순히 고개를 끄덕였다.

"왕비께서 그렇게 결정할 줄 알았소. 장군들, 이지와 역적들을 맞교환할 준비를 하시오."

결국 그날 낮에 의주성 앞에서 최유, 덕흥군과 이지를 교환하게 되었다. 최영과 이성계 등에게서 풀려나 성안으로 들어가며 최유가 득의만만하게 웃었다.

"공민왕이 이렇게 유약한 줄은 몰랐군. 너와 노국공주 모두 오늘의 결정을 평생 후회하게 될 것이다."

이지가 눈물을 흘리며 달려와 공민왕에게 와락 안겼다.

"고마워요, 전하. 전하께서 저를 구해주셨군요."

"아아…… 나는 말이지……."

공민왕이 당황스런 눈으로 노국공주를 돌아보았지만 그녀는 인자하게 웃으며 고개를 끄덕여주었다. 공민왕이 이지의 등을 도닥이며 위로했다.

"어쨌든 고생 많았다. 전쟁을 끝낼 기회를 놓친 건 아쉽지만 나도 실은 너를 잃었으면 크게 상심할 뻔했구나."

"저도 전하를 다시는 못 보는 줄 알았다고요."

약간 떨어진 곳에 서서 공민왕과 이지 그리고 노국공주를 바라보며 최영이 혀를 찼다.

"저깟 계집아이 하나 때문에 다 잡은 최유와 덕흥군을 풀어주다니, 도무지 이해할 수가 없군."

최영 옆에 서 있던 이성계가 히죽 웃었다.

"저는 이해할 것도 같은데요. 이지 저 아이가 보기보다 쓸모가 아주 많거든요."

"……?"

공민왕이 이지와 노국공주의 손을 잡고 장군들을 향해 다가왔다.

"작전이 실패했으니 의주성을 공략할 새로운 방법을 찾아보도록 합시다."

최영이 원망스런 눈으로 이지를 보며 말했다.

"하지만 시간이 너무 촉박합니다, 전하. 방금 대도에서 몽골의 지원군이 출병했다는 급보를 받았습니다."

"몽골의 지원군이 출병했다고?"

공민왕의 표정이 굳어졌다. 이지도 괜스레 미안해져 전전긍긍했다. 이때 골똘히 생각에 잠겨 있던 노국공주가 말했다.

"의주성은 고립되어 있으니 지원군이 출발했다는 소식이 아직 전해지지 않았겠죠?"

"그럴 겁니다."

"몽골 지원군이 이곳 의주에 도착하려면 며칠이나 걸릴까요?"

"그들의 빠른 행군속도로 볼 때, 열흘이면 충분할 겁니다."

노국공주가 의미심장하게 웃으며 고개를 끄덕였다.

"그럼 내가 사흘 안에 의주성의 몽골군이 스스로 무너지도록 만들겠어요."

"예에……?!"

최영과 이성계는 물론 공민왕과 이지까지 놀라 눈을 부릅떴다. 공민왕이 믿기 힘들다는 표정으로 물었다.

"무슨 방법이라도 있는 거요?"

"저는 다만 성문 앞에서 마두금을 연주할 생각이랍니다."

"마두금이라면 몽골의 전통악기가 아니오?"

황당한 표정을 짓는 공민왕을 보며 노국공주가 고개를 주억였다.

"예, 저는 그 악기로 성문이 스스로 열리도록 만들 생각입니다."

"……?"

공민왕의 말대로 마두금은 몽골의 전통악기다. 기타처럼 나무로 만든 몸통에 말머리 모양의 기다란 기둥이 세워진 모양새다. 이 기둥에서 몸통에 걸쳐 두 개의 현을 팽팽하게 연결하고, 그것을 활로 그어 애처로운 음향을 내는 것이다. 두 개의 현 중 첫 번째는 숫말의 말총 백삼십 가닥을 엮어 만들고, 두 번째 현은 암말의 말총 백오 가닥을

엮어 만든다. 마두금을 연주하면 말의 울음과 비슷한 소리가 나고, 그래서 몽골인들은 마두금을 말의 음악이라고 부르기도 한다.

노을이 유난한 저녁, 노국공주는 의주성 가까운 들판 한복판에 돗자리를 깔고 앉았다. 그녀 옆에는 마두금을 든 이지가 서 있었다. 성첩의 몽골군들이 무슨 일인가 하여 고개를 빼고 노국공주를 쳐다보았다. 한동안 성을 주시하던 노국공주가 힐끗 이지를 돌아보았다.

"이지야."

"여기요."

이지가 기다렸다는 듯 마두금을 건넸다.

"후우우……."

숨을 한 번 고른 노국공주가 활을 잡고 마두금을 연주하기 시작했다. 활이 현을 천천히 긋자 애절한 음향이 흘러나왔다. 붉게 물든 지평선 너머에서 바람 한 줄기가 불어와 초원의 말 울음소리 같기도 하고, 풀 흔들리는 소리 같기도 하고, 어머니가 부르는 소리 같기도 한 음악을 성 안쪽으로 실어 보냈다. 노국공주가 연주하는 마두금의 음향을 들으며 이지는 저도 모르게 코끝이 찡해졌다. 갑자기 아빠와 엄마가 그리워졌고, 불길 속에 남겨두고 온 주노가 걱정되어 견딜 수가 없었다.

"흐흑."

손가락으로 눈물을 훔치며 이지는 노국공주가 무슨 일을 하려는지 비로소 알아차릴 수 있었다. 노국공주는 고향인 몽골의 대초원에서 멀리 떨어진 고려 땅까지 와서 성에 고립된 채 죽음을 기다리는 병사들의 마음에 슬픔과 그리움을 심어 주려는 것이다. 슬픔에 젖은 병사는 약해진다. 그리움이 사무친 병사는 한시라도 빨리 전장을 떠나고 싶어 한다. 만약 성안에 있는 모든 병사들이 슬픔과 그리움의 지배를 받기 시작한다면 성문은 저절로 열릴 것이다.

날이 완전히 저물고 달이 환하게 떠오를 때까지 노국공주의 애절한 연주는 계속되었다. 성안에선 아무런 반응도 없었다. 하지만 이지는 창검이 아니라 음악에 의해 조금씩 벌어지는 성벽의 균열이 보이는 것도 같았다. 이지가 지치지도 않고 연주를 계속하는 노국공주의 단정한 뒷목을 내려다보며 나직이 중얼거렸다.

"공주님은 정말 대단하세요. 저는 아무래도 공주님을 당해낼 수 없을 것 같아요."

마두금 연주는 다음 날도, 그 다음 날도 계속되었다. 사흘째 밤에는 아예 작정한 듯 밤을 새워 연주했다. 나흘째 새벽, 성문 안쪽에서 병장기 부딪치는 소리가 울려퍼지기 시작했다.

"이지야! 이지야!"

자정 무렵부터 잠에 곯아떨어진 이지를 노국공주가 흔들어 깨웠다. 이지가 억지로 일어나 앉으며 늘어져라 하품을 했다.

"으하암. 왜 또 그러세요?"

"빨리 달려가 전하께 성을 총공격할 준비를 하시라고 전해라."

"예에? 성안에서 드디어 반응이 나타났나요?"

눈을 동그랗게 뜨는 이지의 얼굴을 들여다보며 노국공주가 고개를 끄덕였다.

"아마도 성을 탈출하려는 병사들과 이를 막으려는 병사들 간에 전투가 시작된 것 같구나."

"알겠어요. 바로 전할게요."

이지가 고려군 진영으로 후다닥 달려갔다. 크게 심호흡을 한 노국공주가 성문을 쏘아보며 다시 마두금을 연주하기 시작했다.

노국공주의 예측은 정확했다. 성문 안쪽에서 성문을 지키려는 몽골군과 무작정 성문을 열어젖히고 고향으로 돌아가겠다는 몽골군 사이에 피 튀기는 전투가 벌어지고 있었다. 최유가 덕흥군과 함께 검을 휘두르며 악을 썼다.

"멍청한 놈들아, 저 마두금 소리는 너희를 죽음으로 이끄는 악마의 속삭임이란 말이다! 저 소리에 취해 성문을 열었다가는 모두 개죽음을 당한다는 것을 어찌 모르느냐?"

하지만 눈이 뒤집힌 병사들은 막무가내였다.

"우린 고향으로 가고 싶소!"

"낯선 땅에서 죽고 싶진 않단 말입니다!"

"이놈들, 썩 물러서지 않으면 내 손으로 죽여줄 테다!"

최유와 덕흥군이 필사적으로 칼을 휘둘렀지만 물밀듯이 성문으로 밀려드는 병사들을 막아낼 순 없었다.

쾅!

마침내 성문이 열렸다. 밖으로 쏟아져 나온 몽골 병사들은 대기하고 있던 최영과 이성계의 고려군에게 공격을 받았다.

"으악!"

"크아악!"

최유의 경고대로 몽골군이 피를 흘리며 쓰러졌다. 흙먼지가 하늘에 닿을 듯 치솟는 가운데 최유와 덕흥군이 소수의 호위기병을 이끌고 간신히 전장을 탈출했다.

"저기 최유가 도망친다!"

"덕흥군도 사로잡아라!"

이성계가 일단의 기마병을 이끌고 추격했지만 아쉽게도 놓치고 말았다. 몽골군을 전멸시킨 고려군이 공민왕을 에워싸고 환호했다.

"와아아! 국왕전하 만세!"

"대 고려국 만만세!"

공민왕이 밤낮없이 마두금을 연주하느라 초췌해진 노국공주의 손을 잡고 감격에 겨워했다.

"오늘의 승리는 노국공주 덕분이오. 짐과 고려의 백성들은 결코 공주의 공을 잊지 않을 것이오."

"과찬이십니다, 전하."

수줍은 듯 미소 짓는 노국공주를 보며 이지는 어쩔 수 없이 눈살을 찌푸렸다.

"쳇, 수줍은 척하기는."

이지도 이젠 그녀가 진심으로 고려와 공민왕을 위한다는 사실을 알고 있었다. 하지만 그녀 못지않게 공민왕을 좋아하는 이지로선 질투심을 누를 수가 없었다.

"어이!"

이때 누군가 옆구리를 찌르자 이지가 도끼눈을 뜨고 돌아보았다. 이성계가 어느새 곁으로 다가와 씨익 웃고 있었다. 이지가 퉁명스럽게 쏘아붙였다.

"왜 남의 옆구리는 쿡쿡 찌르고 그래?"

"오늘 뭐하나?"

"뭐?"

"오늘 무슨 약속 있느냐고?"

"아니."

"그럼 나와 함께 가자."

"어어…… 이 손 못 놔!"

버둥거리는 이지의 손을 우악스럽게 잡은 채 이성계가 억지로 끌고 갔다.

"헥헥……."

이지는 숨을 헐떡이며 오후가 되면서 점점 무더워지고 있는 숲속을 헤매는 중이었다. 그녀의 바로 앞에선 이성계가 화살을 매긴 활을 들고 살금살금 걸음을 옮기고 있었다. 대체 내가 왜 이 녀석한테 끌려

와서 산속을 헤매야하는 거지? 울화통이 치민 이지가 버럭 소리를 질렀다.

"아, 지금 대체 뭐하자는…… 으읍!"

이성계가 홱 돌아서며 이지의 입을 틀어막았다.

"쉬잇……."

그러면서 이성계가 곁눈질로 앞쪽을 보았다. 이성계의 시선을 쫓던 이지가 숨을 혹 들이켰다. 불과 열 걸음쯤 앞에 커다란 곰 한 마리가 이쪽을 뚫어져라 쏘아보고 있었던 것이다. 이지가 이성계의 손을 쳐내며 속삭였다.

"곰을 잡으러 왔단 말이야?"

이성계가 뒤통수를 긁적이며 대답했다.

"실은 노루를 잡아줄 생각이었는데, 저놈이 나타났지 뭐야?"

"누가 노루 고기 먹고 싶다고 했어, 멍청아?"

크허엉!

이지의 고함소리에 자극받은 곰이 무서운 속도로 달려왔다. 날카로운 송곳니 사이로 침을 뚝뚝 흘리는 곰을 보며 이지가 자지러지게 비명을 질렀다.

"꺄아악!"

"내가 지켜줄 테니까 걱정하지 마."

이성계가 활시위를 힘껏 당기며 곰을 겨누었다. 곰이 서너 걸음 앞까지 다가오길 침착하게 기다리던 이성계가 화살을 발사했다.

퍼억!

화살이 곰의 미간에 명중했다.

"명중이다……."

이성계가 활을 내리며 안도했다. 하지만 곰은 쓰러지지 않았다. 오히려 더욱 분노하여 날카로운 발톱을 휘둘렀다.

"크흑!"

곰의 솥뚜껑만 한 손바닥에 얼굴을 얻어맞은 이성계가 핏물을 뿌리며 부웅 날아갔다.

크르르르…….

"으으…… 오지 마. 오지 마."

침을 뚝뚝 흘리며 다가오는 곰을 피해 이지가 부들부들 떨며 뒷걸음질을 했다. 곰이 갑자기 아가리를 쫙 벌리며 이지에게 덤벼들었다. 이지는 낯선 과거에서 곰의 먹이가 되는구나, 생각하고 눈을 질끈 감았다.

우워억!

순간 곰의 비명소리가 들리자 이지가 천천히 눈을 떴다.

"맙소사……!"

이지의 눈앞에서 놀라운 광경이 펼쳐졌다. 이성계와 곰이 한데 뒤엉켜 뒹굴고 있었던 것이다. 이성계가 곰의 가슴에 단도를 깊숙이 쑤셔 박은 채였다. 곰이 마침내 탄식처럼 마지막 숨을 몰아쉬며 쭉 뻗어버렸다. 큰대자로 널브러진 곰의 가슴에 엎드려 숨을 헐떡이는 이성계를 이지가 황당한 듯 쳐다보았다.

 잠시 후, 숲속에서 한 줄기 연기가 피어올랐다. 숲 한복판 공터에 모닥불을 피우고 이성계는 곰의 발바닥을 굽고 있었다. 꼬챙이를 들고 킁킁 냄새를 맡은 이성계가 커다란 곰발바닥을 이지에게 통째로 건넸다.
"다 익었으니까 먹어."
"징그러우니까 저리 치워!"
이성계가 곰발바닥을 쭉 찢으며 투덜거렸다.
"이게 얼마나 맛있는데 그러냐?"
"너나 실컷 드세요."
 부르르 진저리를 치던 이지가 게걸스럽게 곰발바닥을 뜯어먹는 이성계를 향해 물었다.
"그런데 왜 날 이리로 끌고 온 거니?"
"그게…… 조금 안돼 보여서……."
 이지가 눈을 치켜떴다.
"내가 뭐 어때서?"
 이성계가 고기를 으적거리며 말했다.
"너 세상에서 가장 불쌍해 보이는 사람이 누군지 알아?"
"……?"
"남이 먹을 때 쳐다보는 사람, 남이 사랑하는데 부러운 듯 보는 사람!"

"!"

이지가 움찔했다. 공민왕을 짝사랑하고 노국공주를 질투하는 마음을 야만인 같은 녀석에게 들켜버린 것이다. 이성계를 째려보던 이지가 박차고 일어섰다.

"난 가겠어!"

씩씩대며 걸어가는 이지를 이성계가 곰발바닥을 든 채 쫓아왔다.

"야, 같이 가자!"

6
세상에서 가장 슬픈 이별

 최유가 병력의 대부분을 잃고 돌아오자, 대도에서 막 출발하려던 몽골 구원병도 회군하고 말았다. 최유와 덕흥군은 기황후 곁으로 돌아가 다시 고려를 침략하자고 졸랐다. 하지만 국력이 점점 쇠약해지고 있던 원나라는 고려와의 불화를 원치 않았다. 결국 원의 황제 순제는 고려에 사신을 보내 공민왕의 복위를 인정하는 조서를 내렸다. 그리고 최유를 포박해 고려로 압송시켰다. 덕흥군은 먼 곳으로 귀양 보내졌으며 최유는 그해 겨울 고려에서 처형당했다.

 마지막 고비를 넘긴 공민왕은 개혁 정책에 박차를 가하기 시작했다. 고려에서 원나라의 색채는 점점 지워지고, 원나라를 등에 업고 백성들을 수탈하던 벼슬아치들은 모두 쫓겨났다. 공민왕은 친원파로부터 빼앗은 토지를 백성들에게 분배하고, 농민들과 상인들의 세금도 깎아주었다. 원나라의 압박과 친원파의 횡포로 기울어가던 고려의 국운은 공민왕 대에 이르러 잠시나마 과거의 영광을 되찾는 듯이 보였다. 그러나 세상의 이치가 그렇듯 좋은 일은 언제까지나 계속되지 않는다. 시커먼 운명의 먹구름이 개경의 궁궐 위를 뒤덮기 시작했다.

유난히 추웠던 겨울이 지나갈 무렵, 공민왕은 오랫동안 고대하던 소식을 들었다.

"노국공주가 아기를 가졌다고? 그게 틀림없는 사실이렷다?"

"감히 뉘 앞에서 거짓을 아뢰겠나이까?"

대전 바닥에 엎드린 어의의 말에 공민왕이 도저히 믿기지 않는다는 듯 이지를 돌아보았다.

"이지야, 너도 들었지? 내가 잘못 들은 게 아니지?"

"예, 저도 똑똑히 들었어요."

고개를 끄덕이면서도 이지는 왠지 씁쓸한 기분이었다. 공민왕이 자리를 박차고 일어섰다.

"지금 당장 노국공주를 만나러가야겠다. 짐이 아비가 되다니 믿을 수가 없구나."

헐레벌떡 대전을 빠져나가는 공민왕을 이지가 쫓아갔다.

"공주! 노국공주!"

공민왕이 어린아이처럼 소리를 지르며 왕비의 침전으로 뛰어들었다. 이지도 숨을 헐떡이며 따라 들어왔다. 침대에 누워 시녀들의 시중을 받던 노국공주가 재빨리 몸을 일으키며 허리를 숙였다.

"전하를 뵈옵니다."

"그냥 누워 있지 않고 왜 일어나는 거요?"

"전하가 오셨는데 당연히 일어나서 인사를 올려야죠."

"공주의 몸에는 우리의 아기가 있지 않소. 예의 따윈 안 차려도 좋으니 제발 조심해주시오."

"앞으론 더욱 주의하겠습니다."

"자, 이쪽으로 앉으십시다."

공민왕이 노국공주의 손을 잡고 침대에 나란히 앉았다. 두 사람이 애정 가득한 눈으로 서로의 얼굴을 마주보았다. 이지도 방 한복판에 서서 그런 두 사람을 지켜보았다. 참으로 사이좋은 부부라고 이지도 인정할 수밖에 없었다.

노국공주의 눈을 들여다보던 공민왕이 만면에 미소를 지으며 물었다.

"공주, 뭐 먹고 싶은 게 없소? 말만 하시오. 무엇이든 구해주겠소."

"실은……."

잠시 망설이던 노국공주가 수줍은 듯 대답했다.

"곰발바닥 요리를 먹고 싶어요."

"곰…… 발바닥? 그런 것도 먹을 수가 있소?"

"제가 살던 몽골에서는 최고급 요리 중 하나랍니다."

"알겠소. 구해보리다."

이때 이지가 엉거주춤 팔을 들었다.

"제가 구할 수 있을 것 같은데요."

"이지가 어떻게?"

눈이 휘둥그레지는 공민왕과 노국공주를 향해 이지가 떨떠름하게 말했다.

"제가 아는 녀석 중에 곰 사냥을 기가 막히게 하는 녀석이 있거든요."

공민왕이 빙그레 미소 지었다.

"그럼 부탁한다, 이지야."

"예에……."

여전히 어딘가 좀 불편한 표정으로 방을 나서려는 이지를 향해 노국공주가 갑자기 손을 내뻗었다.

"잠깐만, 이지야."

"왜요?"

돌아서는 이지를 향해 노국공주가 빙그레 미소를 지었다.

"기왕이면 나와 전하도 함께 곰 사냥을 가는 게 어떻겠니?"

이지가 대답하기도 전에 공민왕이 펄쩍 뛰었다.

"절대 안정을 취해도 부족할 판에 사냥이라니? 무슨 말도 안 되는 소리를 하는 게요?"

노국공주가 공민왕의 팔을 잡으며 사정조로 말했다.

"전하의 말씀처럼 저는 앞으로 열 달 동안 꼼짝도 못 하고 방안에 누워 있어야 합니다. 그러기 전에 전하와 마지막으로 산과 들을 달려 보고 싶습니다. 소원이니 제발 들어주셔요, 전하."

"하지만 아기가 위험할 수도 있소."

"몽골의 여인들은 혼자 말을 타고 들판으로 달려가 아기를 낳는답니다. 저 역시 몽골의 여인이란 사실을 잊으셨습니까?"

"으음……."

턱을 매만지며 고민하던 공민왕이 마지못해 고개를 끄덕였다.

"좋소. 대신 이번이 마지막이오."

"감사합니다, 전하."

공민왕의 뺨에 입을 맞추는 노국공주를 보며 이지는 어쩔 수 없이 눈살을 찌푸렸다.

"끼럇! 끼럇!"

우투두두두!

새벽안개가 자욱이 깔린 송악산 기슭에서 말발굽 소리가 요란했다.

공민왕과 노국공주 그리고 이지와 이성계가 사냥감을 쫓고 있었던 것이다. 이지가 말한 곰 사냥을 기가 막히게 하는 친구가 이성계라는 사실을 알게 된 공민왕은 크게 기뻐했다. 지난번 최유와 덕흥군이 몰고 온 몽골군을 물리치는 데, 혁혁한 공을 세운 이후 이성계는 공민왕의 완벽한 신임을 얻었다. 공민왕은 자신의 호위를 이성계에게 맡기되, 최소한의 병력만 이끌고 오도록 지시했다. 노국공주의 소망대로 부부가 오랜만에 오붓한 시간을 즐기기 위해서였다. 그래서 사냥에 따라나선 병력이라 봤자 기병 스물 밖에는 되지 않았다.

"후우…… 또 놓친 것 같군."

만월대 앞에서 말을 멈추고 탁 트인 전방을 바라보며 공민왕이 허연 입김을 내뿜었다. 노국공주와 이지, 이성계도 입김을 뿜으며 송악산에서 정남향인 진봉산과 용수산 사이로 일출이 떠오르는 것을 지켜보았다. 노국공주가 첫 햇살에 얼굴을 붉게 물들이며 빙긋 웃었다.

"곰을 못 잡으면 어떻습니까, 전하? 저는 전하와 이렇게 달리는 것만으로도 신바람이 납니다."

"오호, 그렇소?"

공민왕이 사랑스러운 손길로 붉게 달아오른 노국공주의 뺨을 쓰다듬었다.

괜히 심통이 난 이지가 이성계에게 짜증을 부렸다.

"곰 사냥만큼은 고려 최고라며?"

이성계가 쑥스러운 듯 변명했다.

"지금은 겨울이야. 곰이란 놈들은 겨울잠을 자기 때문에 이 계절에는 찾기가 쉽지 않아."

"쳇, 핑계 한번 좋군."

"쉿!"

이성계가 갑자기 손가락으로 이지의 입을 막았다.

"에퉤! 더럽게 뭐야?"

"곰 냄새가 풍긴다."

"아무 냄새도 안 나는데 무슨 소리야?"

이지가 콧구멍을 벌름거렸다.

"내 코에는 분명히 곰의 냄새가 풍겨. 저 계곡 아래 어디선가 아주 큰 놈이 움직이고 있다구."

이성계가 막 햇살이 비치기 시작하는 만월대 아래 울창한 숲을 가리켰다. 노국공주가 흥분을 감추지 못하고 물었다.

"그게 참말인가요, 이 장군?"

"틀림없습니다, 왕비마마."

"그럼 빨리 잡으러 가야죠."

"일단 곰을 몰아야 합니다."

이성계가 공민왕을 향해 정중히 고개를 숙였다.

"전하, 소장이 부하 둘을 데리고 내려가 곰을 광명사 쪽으로 몰겠습니다. 전하께선 나머지 기병들을 데리고 그곳에서 기다리시다가 곰을 쏘시면 됩니다."

"알겠소, 장군."

공민왕도 흥분된 얼굴로 활을 고쳐 잡았다.

오직 이지만 콧구멍을 벌름거리며 중얼거렸다.

"쳇, 대체 무슨 냄새가 풍긴다는 거지?"

아침 해가 머리 위로 떠오를 무렵, 공민왕과 노국공주, 이지는 광명사 근처에 도착했다. 광명사는 송악산 중턱에 자리 잡은 사찰이었다. 양옆 가파른 기슭 사이로 뚫린 산길을 가로막은 채 공민왕과 열여덟 명의 기병들이 화살을 건 채 대기했다. 산길 저쪽에서 이성계가 곰을 몰아오기로 한 것이다. 그러나 한참을 기다려도 이성계는 나타나지 않았다.

이지가 손 그늘을 만들어 길 저쪽을 바라보았다.

"도대체 언제 나타날 생각인 거야?"

이때 이지의 눈에 저 멀리서 흙먼지가 뽀얗게 피어오르는 게 보였다. 이지가 공민왕을 휙 돌아보았다.

"전하, 이성계 장군이 오는 모양입니다."

"정말 그렇구나. 모두 준비를 하라."

공민왕과 기병들이 일제히 화살을 겨누었다. 이지와 노국공주는 기대 가득한 눈으로 집채만 한 곰이 나타나길 기다렸다. 하지만 곰은 나타나지 않고, 먼지를 뚫고 일단의 병사들이 나타났다. 병사들의 손에선 칼과 창이 번뜩였다.

노국공주가 고개를 갸웃했다.

"이지야, 이 장군이 돌아오는 것 같구나? 그런데 곰은 어디에 있지?"

이지가 표정을 굳히며 말했다.

"이 장군은 부하 둘만 데리고 떠났어요. 그런데 저건 최소한 스무 명이 넘어요."

"그럼 저들은 대체……?"

이지가 공민왕을 휙 돌아보았다.

"전하, 자객입니다!"

"자, 자객?"

"예, 전하. 빨리 화살을 쏘십시오."

잠시 고민하던 공민왕이 결심한 듯 활시위를 한껏 당겼다가 놓았다. 기병들도 공민왕을 따라 화살을 날렸다. 열 대도 넘는 화살이 쏜살같이 날아갔다. 화살이 가슴에 박힌 병사들이 붕붕 튕겨나갔다. 하지만 그들은 포기하지 않고 계속 달려왔다. 공민왕이 다시 화살을 거는데, 양옆에서 함성이 들려왔다.

"이…… 이런……!"

질겁하며 돌아보는 이지의 눈에 양쪽 산기슭에서 구름처럼 달려 내려오는 병사들이 보였다. 이지가 공민왕과 노국공주를 휙 돌아보며 소리쳤다.

"전하, 피하셔야 할 것 같습니다!"

당황한 공민왕이 소리를 질렀다.

"이성계! 이성계는 어디에 있는가?"

노국공주가 공민왕을 향해 다급히 말했다.

"전하, 이성계 장군은 이지를 보내 찾을 것입니다. 일단 이 자리를 피하십시오."

"그, 그럽시다."

노국공주가 기병들을 향해 단호하게 명령했다.

"너희들은 이곳에서 적을 막아라. 전하께서 피하실 시간을 벌어야 한다."

"알겠습니다."

"전하, 이제 가십시오."

기병들이 정체불명의 병사들을 막는 사이, 노국공주와 공민왕, 이지는 말머리를 돌려 광명사 방향으로 달렸다.

"와아아!"

함성소리에 이지가 힐끗 고개를 돌려보니, 기병들과 병사들이 칼과 창을 휘두르며 치열하게 싸우는 게 보였다. 이지가 이를 악물며 박차를 가했다.

"기병들은 오래 버티지 못할 거예요. 전하, 최대한 빨리 산을 벗어나야 합니다."

하지만 그들은 산을 쉽사리 벗어나지 못했다. 사방이 이미 왕을 노리는 병사들에게 포위당해 있었기 때문이다. 다급해진 세 사람은 결국 광명사로 뛰어들었다.

"국왕전하와 왕비마마께서 납시었소! 주지는 어서 나와 명을 받으시오!"

유서 깊은 사찰의 일주문 안으로 들어서며 이지는 고함을 질렀다. 신선처럼 수염을 기른 주지가 수십 명의 스님들을 거느리고 달려 나왔다.

"어서 오소서, 전하. 소승이 광명사의 주지입니다."

노국공주가 주지를 향해 빠르게 말했다.

"주지께서 전하를 도와주셔야겠습니다."

"무슨 말씀이신지?"

"지금 역적들이 전하를 해치려고 몰려오고 있습니다. 스님들이 그들을 막아주십시오."

놀란 듯 눈을 부릅뜨고 있던 주지가 비장한 표정으로 머리를 조아렸다.

"목숨을 바쳐 전하를 지켜드리겠나이다."

노국공주가 이번엔 공민왕을 휙 돌아보았다.

"전하."

"말씀하시오."

"지금 당장 저와 옷을 갈아입으셔야겠습니다."

"그게 무슨 말이오?"

"스님들은 오래 버티지 못합니다. 제가 전하로 변장하여 도망치면 역적들은 저를 전하로 착각하고 쫓아올 것입니다."

공민왕이 펄쩍 뛰었다.

"왕비에게 그런 위험한 일을 시킬 수는 없소."

"차라리 제가 하겠어요."

노국공주가 이지를 향해 고개를 흔들었다.

"이지 너는 이성계 장군에게 달려가 도움을 청해야 한다."

"하, 하지만……."

"이지야, 시간이 없어. 전하를 구하려면 우리 모두 목숨을 걸어야만 해."

확고한 태도의 노국공주를 바라보던 이지가 고개를 크게 끄덕였다.

"알겠어요."

노국공주는 결국 공민왕과 옷을 갈아입었다. 왕과 왕비가 옷을 갈아입고 나오자마자 일주문 쪽에서 비명이 들렸다.

"으악!"

"크아악!"

노국공주가 공민왕을 휙 돌아보며 말했다.

"전하, 저와 이지는 사찰 밖으로 나갈 겁니다. 전하는 이곳에 머물러 계십시오."

"차라리 내가 가겠소."

순간 노국공주의 표정이 사납게 변했다.

"전하, 똑똑히 들어주십시오."

"!"

"전하께서 돌아가시고 소녀만 살아남는다면 어떻게 될까요? 결국 저도 곧 역적들에게 죽임을 당할 것이고……."

노국공주가 말을 그치고 아랫배를 쓰다듬었다.

"뱃속의 아기도 무사하지는 못할 것입니다."

"왕비."

"전하, 반드시 사셔야 합니다. 그래야 저도 살고 아기도 삽니다."

"왕비의 말뜻을 잘 알겠소."

"이지야, 가자!"

노국공주가 결연한 얼굴로 말에 올랐다. 이지도 자신의 말에 올라탔다.

"끼럇!"

두 여자가 일주문을 향해 치달렸다.

"저기 공민왕이 도망친다!"

"왕을 쫓아라!"

말을 타고 먼저 일주문을 달려 나간 노국공주를 공민왕으로 착각한 병사들이 함성을 지르며 쫓아왔다. 그 사이 이지도 무사히 일주문을 빠져나왔다.

"이성계, 이 곰 같은 녀석은 어디서 꾸물대고 있는 거야?"

이지가 말의 박차를 가하며 이를 질끈 깨물었다.

"여어, 그새를 못 참고 찾으러 왔냐?"

어깨에 정말 집채만 한 곰을 짊어진 이성계가 한낮의 햇살 아래서 환하게 웃고 있었다. 하지만 온몸이 땀투성이로 변한 이지는 웃을 기운조차 없었다. 그제야 이성계가 무언가 이상한 점을 느낀 듯 곰의 사체를 쿵 소리가 나게 내려놓으며 물었다.

"이봐, 안색이 왜 그래? 전하께 무슨 일이라도 있는 거야?"

"자객들이…… 수백이나 되는 자객들이 광명사에서……."

즉시 상황을 파악한 이성계가 뒤쪽에 서 있는 두 기마병에게 명령을 내렸다.

"너희들은 지금 도성 밖의 군영으로 달려가 내 휘하의 용호군을 끌고 와라!"

"알겠습니다, 장군!"

기마병들이 달려간 후, 이성계가 말에 올라탔다.

"이지, 전하께 안내해라!"

"와아아!"

십 수 명의 병사들이 공민왕을 공격했다. 노국공주를 쫓아가다가 수상쩍게 여긴 일부 병력이 광명사로 되돌아온 것이다. 왕을 지키던 주지와 승려들은 이미 싸늘한 시체가 되어 널브러져 있었다. 공민왕은 검을 휘두르며 간신히 버티고 있었지만 이미 왼쪽 옆구리가 벌겋게 물들어 있었다.

"크흑!"

또 한 자루의 칼날이 왕의 팔뚝을 스치고 지나갔다. 공민왕이 더 이상 견디지 못하고 털썩 무릎을 꿇고 말았다. 병사들이 지옥의 야차처럼 칼을 쳐들고 덤벼드는 게 보였다.

"노국공주…… 나는 아무래도 여기까지인 모양이오."

마지막을 각오한 공민왕이 씁쓸히 중얼거렸다.

퍽!

"크흡!"

순간 화살 한 대가 바람을 가르며 날아와 왕을 노리던 병사의 등에 꽂혔다. 연이어 날아든 화살에 병사들이 차례로 쓰러졌다.

"오, 이성계 장군……!"

눈을 크게 뜨는 공민왕의 시야에 활에 새로운 화살을 걸며 달려오는 이성계와 검을 휘두르며 쫓아오는 이지의 모습이 들어왔다. 이성계가 마지막으로 날린 화살이 병사의 이마에 박혔다. 화살이 떨어지자 이성계도 검을 뽑았다. 그리고 득달같이 덤벼드는 병사들과 격돌했다. 적은 아직 열 명이나 되었지만 이성계의 검술은 놀라웠다. 그 많은 적이 허수아비처럼 쓰러졌다.

"나쁜 놈! 나쁜 놈!"

이지도 쓰러진 적 한 명을 짓밟았다.

"전하, 무사하십니까?"

마침내 병사들을 모조리 쓰러뜨린 이성계가 공민왕을 부축했다.

공민왕이 하얗게 질린 얼굴로 말했다.

"장군, 노국공주가 위험하다! 역적들이 짐으로 변장한 왕비를 쫓아갔어!"

"……!"

"아…… 하늘빛이 곱기도 하지."

그 시각, 노국공주는 개울가에 주저앉아 구름 한 점 없는 가을 하늘을 올려다보고 있었다. 그녀의 주위에는 살기를 일렁이는 병사 수십이 칼을 겨눈 채 서 있었다. 우락부락하게 생긴 한 병사가 앞으로 나왔다. 그가 노국공주를 쏘아보며 이를 갈아붙였다.

"노국공주! 몽골의 배신자 같으니!"

"너, 너는 몽골인구나?"

병사가 가슴을 쭉 펴며 으르렁거렸다.

"몽골의 장군 진반이라고 한다. 황후께서 너를 처단하라고 우리를 보내셨다."

노국공주의 입가에 안도의 미소가 떠올랐다.

"참으로 다행이구나."

"죽게 생겼는데 다행이라니?"

의아한 표정을 짓는 진반이라는 몽골 장수를 똑바로 쳐다보며 노국공주가 말했다.

"나는 그동안 고려인이 되려고 무던히 노력했고 그들에게 진심으로 마음을 열었다. 그런 그들의 손에 목숨을 잃는다면 너무 한스러운 일이 아니겠느냐?"

"네가 우리 몽골을 완전히 버렸구나. 정 소원이라면 고려인으로 죽어라!"

진반이 칼을 확 쳐들었다.

피이잉!

순간 공기가 떨리는 소리가 들렸다. 이어 둔탁한 타격음과 함께 진반이 만세라도 부르듯 팔을 번쩍 쳐들었다. 앞으로 천천히 허물어지던 진반이 개울에 얼굴을 처박았다. 동시에 산 전체를 떨쳐 울리는 함성과 함께 이성계와 수백 명의 용호군이 달려 나왔다. 고려군으로 변장한 몽골군은 순식간에 제압당했다. 공민왕이 달려와 노국공주를 와락 안았다.

"노국공주, 무사하시오?"

"예, 전하. 저는 괜찮습니다."

"뱃속의 아이는……?"

불안한 듯 묻는 공민왕의 얼굴을 보며 노국공주가 싱긋 미소 지었다.

"걱정 마십시오. 우리 아기도 무사합니다."

"고맙소, 정말 고마워."

공민왕이 사랑스러워 견딜 수 없다는 듯이 노국공주를 으스러져라 안았다. 이지는 낮은 한숨을 내쉬며 그런 두 사람을 지켜보았다. 이때 온몸을 적의 피로 적신 이성계가 이지의 옆구리를 쿡 찔렀다.

"왜?"

눈을 치켜뜨고 돌아보는 이지를 향해 이성계가 씨익 웃으며 말했다.

"내가 곰 발바닥 구이 해줄게."

"너나 실컷 드세요."

이지와 이성계가 직접 요리해서 바친 곰 발바닥 요리 덕분인지 노국공주 뱃속의 태아는 무럭무럭 자랐다. 봄이 오고 여름이 지날 때까지 공민왕은 노국공주 옆에 붙어서 임산부를 돌보느라 여념이 없었다. 노국공주가 다른 사람은 불편해 했으므로 이지도 왕비 옆에 찰싹 붙어서 시중을 들어줘야 했다. 무더위가 누그러지고 선선한 바람이 불기 시작하는 초가을 저녁, 이지는 왕비의 침전에서 퉁퉁 부은 공주의 다리를 주물러주고 있었다. 지친 이지가 노국공주 옆에 털썩 주저앉으며 이마의 땀을 닦았다.

"휴우…… 임산부를 돌본다는 게 쉬운 일은 아니구나."

이때 침상에서 잠든 줄 알았던 노국공주가 나직이 말했다.

"정말 고마워, 이지야."

"응, 안 잤어요?"

"방금 깼단다."

노국공주의 안색이 어두운 것을 발견하고 이지가 물었다.

"어디 불편하세요?"

"……."

"어디 안 좋은 데가 있으면 말씀하세요. 어의를 불러드릴게요."

"그냥 조금 불안해서 그런단다. 이상하게 요즘은 눈만 감으면 내가 태어나고 자란 몽골의 초원이 떠오르는구나. 우리 몽골 여인들은 초원에서 아기를 낳지. 대지의 신 탱그리의 가호 속에서 아기는 건강하게 태어나고, 신의 축복을 세상에 알리는 전사로 자라난단다. 그런데 나는 신조차 알지 못하는 너무 먼 곳까지 와 있구나."

노국공주의 눈가가 붉어지는 것을 지켜보던 이지가 그녀의 손을 잡아주었다.

"노국공주님은 혼자가 아니에요. 전하와 제가 늘 곁에 있잖아요. 그리고 탱그리라는 그 신도 분명히 저 위쪽에서 공주님을 지켜보고 계실 거예요."

따뜻한 시선으로 이지의 얼굴을 바라보던 노국공주의 입가에 엷은 미소가 피어올랐다.

"이지야."

"말씀하세요."

"너를 보고 있으면 고향에 두고 온 누이가 생각나는구나."

"그 누이가 참 예쁜 모양이네요."

"그래, 참 예쁘고 고운 아이였지. 이렇게 불안할 때에 네가 곁에 있어줘서 얼마나 다행인지 몰라. 이지야, 나를 위해 한 가지만 약속해주겠니?"

"무슨 약속이요?"

"혹시 내가 아기를 낳다가 잘못되면······, 그런 불행한 일이 생기면······ 전하를 부탁할게."

"예에?"

"전하는 겉으론 강해보이지만 실은 약한 분이시란다. 내가 사라지면 그분은 아마도 큰 혼란에 빠질 거야. 그때 네가 곁에서 그분을 지켜주면 고맙겠구나."

이지가 손사래를 치며 말했다.

"불길하게 왜 그런 소리를 하는 거예요? 건강한 왕자님을 순산하게 될 테니, 아무 걱정하지 말고 푹 쉬세요."

이지가 목 밑까지 이불을 덮어주었지만 노국공주는 계속 재촉했다.

"그러지 말고 약속해줘. 그래야만 안심이 될 것 같아."

"으음……."

노국공주의 눈을 들여다보던 이지가 마지못해 고개를 끄덕였다.

"정 그렇다면 약속할게요."

"정말 고맙구나, 이지야."

사람에겐 예감이란 게 있다. 그리고 불길한 예감일수록 잘 들어맞는 법이다. 왕비의 침전에서 울려퍼지는 노국공주의 비명소리를 들으며 이지는 초가을에 그녀와 나누었던 대화를 떠올릴 수밖에 없었다.

지독한 난산이었다. 왕비가 누운 침상의 하얀 침대보가 붉게 물들었지만 아기는 나올 생각을 하지 않았다.

"마마, 힘을 주십시오!"

"마마, 조금만 더 기운을 내십시오!"

경험 많은 늙은 궁녀들이 고통에 몸부림치는 노국공주 곁에서 소리를 질러댔지만 아무 소용없었다. 이지는 공포에 질린 채 천장에서 내려온 두 가닥의 광목천을 잡고 마지막 힘을 쓰고 있는 노국공주를 바라보았다. 공주의 얼굴은 눈보다 창백해져서 도저히 이 세상 사람 같지가 않았다.

이지가 저도 모르게 눈물을 글썽이며 중얼거렸다.

"제발 힘을 내세요, 공주님. 공주님이 그토록 사랑하는 전하께서 밖에서 기다리고 계신다고요."

얼굴이 땀투성이로 변한 늙은 궁녀가 이지를 홱 돌아보았다.

"더운 물을 더 가져오라는데 왜 그러고 서 있느냐?"

"아, 알겠습니다."

이지가 급히 돌아섰다. 이때 등 뒤에서 노국공주가 부르는 소리가 들렸다.

"이, 이지야!"

"예, 왕비마마!"

이지가 침상으로 달려가 탈진한 노국공주의 손을 잡았다. 노국공주가 마른 먼지 같은 미소를 지으며 중얼거렸다.

"아, 아무래도 나는 틀린 것 같구나."

이지가 눈물을 주르륵 흘리며 떨리는 목소리로 말했다.

"그, 그런 말씀 마세요. 이제 조금만 더 기운을 내면 예쁜 왕자님이 태어나실 거라고요."

"아니야, 아니야. 아기도 나와 함께 하늘나라로 떠나게 될 거야."

애잔하게 미소 짓는 노국공주의 얼굴을 보며 이지는 가슴이 찢어지는 듯 아팠다.

"아, 아기와 함께라서 죽는 것은 무섭지 않으나 남겨진 전하가 걱정이구나. 불쌍한 전하, 나와 아기를 둘 다 잃고 어찌 살아가실꼬?"

이지의 손을 잡은 노국공주의 손에 힘이 들어갔다. 노국공주가 마지막 숨을 몰아쉬며 눈을 부릅뜨고 이지를 보았다.

"우, 우리의 약속을 잊지 말아다오."

"약속이라니요, 마마?"

"내, 내가 떠나면 전하를 지켜주겠다는 그 약속……."

이지가 눈물을 왈칵 쏟으며 정신없이 소리쳤다.

"잊지 않을게요! 절대로 잊지 않을게요! 그러니까 제발 죽지만 말아요!"

"고맙구나……."

안도의 한숨을 몰아쉬며 노국공주가 천천히 눈을 감았다. 그리고 그녀는 더 이상 숨을 쉬지 않았다. 자신의 손을 잡은 노국공주의 손아귀에서 힘이 빠져나가는 것을 느끼며 이지가 울부짖었다.

"제발 가지 말아요!"

"노국공주!"

이때 방문을 열어젖히고 공민왕이 뛰어 들어왔다. 침상 옆에 우두커니 서서 공민왕이 도저히 믿을 수 없다는 눈으로 숨을 거둔 노국공주를 내려다보았다. 온몸을 부들부들 떨고 있는 공민왕을 이지가 눈물범벅의 얼굴로 돌아보았다.

"전하……, 노국공주께서…… 공주님께서……."

"그래, 공주께서 깊이 잠이 드셨구나."

공민왕이 억지로 웃으며 노국공주를 천천히 안았다. 그가 아내의 뺨을 쓰다듬으며 부드러운 목소리로 말했다.

"노국공주, 그만 일어나시오. 오늘따라 어찌 이리 늦잠을 자는 거요? 나와 정원을 산책하기로 하지 않았소."

"전하!"

이지가 왈칵 눈물을 터뜨리며 주저앉았다. 동시에 공민왕도 노국공주를 으스러져라 안으며 참았던 눈물을 쏟아냈다.

"나를 두고 가지 마시오, 공주!"

노국공주가 떠난 후 모든 것이 변했다. 개경의 궁궐은 그 어느 때보다 긴 겨울을 보내고 있는 것 같았다. 어린 궁녀들조차 웃음을 잃었고 내관들은 발뒤꿈치를 들고 다녔다. 가장 크게 변한 사람은 공민왕이었다. 긴 겨울 동안 왕은 침전에 틀어박혀 거의 밖으로 나오지 않았다. 그는 창문을 검은 천으로 틀어막은 어두운 방안에 촛불 하나만 켜고 앉아 오직 노국공주의 초상화를 그리는 데 열중했다. 그 겨울 왕이 내린 명령이라곤 노국공주의 명복을 빌 사찰을 지으라는 것뿐이었다. 사찰의 규모가 상상할 수 없을 정도로 대단해서 가뜩이나 원나라의 수탈 때문에 힘들어하던 백성들이 더욱 곤궁해졌다. 강직한 최영 등이 백성들의 원성이 높으니 사찰의 규모를 조금만 줄이자고 간언했지만 왕은 고집을 꺾지 않았다.

왕의 침전에 출입할 수 있는 몇 안 되는 사람 중 하나인 이지가 공민왕을 만나러 갔다. 왕은 동굴처럼 어두컴컴한 방안에서 머리카락을 산발한 채 상처 입은 짐승처럼 웅크리고 있었다. 공민왕의 앞에는 노국공주의 커다란 초상화가 있었는데, 초상화 속에서 노국공주는 환하게 미소 짓고 있었다. 그림을 그린 공민왕이 노국공주를 얼마나

사랑하고 있는지 충분히 느낄 수 있었다. 이지가 공민왕을 향해 착 가라앉은 소리로 말했다.

"전하, 이제 세상으로 나오셔야죠."

"……."

"노국공주님은 마지막까지 전하를 걱정하셨어요. 전하께서 이렇게 무너지는 모습을 보고 싶어 하지 않으실 거예요."

공민왕이 그제야 스윽 고개를 들어 이지를 보았다. 초점 없이 퀭한 눈동자는 보는 사람의 가슴을 아프게 만들었다. 공민왕이 동굴 속에서 울려나오는 듯한 목소리로 중얼거렸다.

"노국공주는 나에게 빛이었다. 원나라로 끌려가 노예처럼 살아가면서도 나는 그 빛 한 줄기를 보고 견딜 수 있었어. 이제 빛은 사라졌고, 나는 모든 희망을 잃었다."

그 말을 끝으로 공민왕은 입을 굳게 닫아버렸다. 그의 깊은 절망에 이지도 할 말을 잃고 눈물만 글썽였다.

"전하, 제발……."

겨우내 궁의 지붕에 쌓였던 눈이 녹아내리고, 가지마다 푸릇한 싹이 돋기 시작할 무렵 공민왕이 모처럼 대전으로 나왔다는 소식이 전해졌다. 또래의 궁녀들과 함께 후원을 산책 중이던 이지가 정신없이 대전으로 달려갔다.

쿵!

"어이쿠!"

급히 전각을 돌아나가던 이지가 누군가와 세차게 머리를 부딪치곤 벌러덩 넘어졌다.

"어이고, 머리야."

큼직하게 혹이 돋은 이마를 문지르며 일어서던 이지가 멈칫했다. 바로 앞에 주저앉아 있는 젊은 스님을 발견했기 때문이다. 승복 차림에 목에 기다란 염주를 걸었으니 스님이 분명한데, 머리카락을 길게 산발한 괴상한 모습이었다.

"누구……세요?"

몸을 일으키며 고개를 갸웃하는 이지를 향해 스님도 따라 일어서며 합장을 취했다.

"소승은 신돈이라 합니다. 여시주의 이름은 어찌 되시는지요?"

"저는 윤이지라고 합니다. 그런데 신돈님은 스님이신가요?"

"그렇습니다."

"그런데 그 머리카락은……?"

신돈이 히죽 웃었다.

"스님들은 속세의 번뇌를 끊기 위해 머리카락을 자른답니다. 그런데 소승은 번뇌가 끊기기는커녕 나날이 쌓여 가고 있으니, 어찌 자를 수가 있겠습니까?"

"하아……."

황당한 듯 한숨을 내쉬던 이지가 퍼뜩 생각난 듯 신돈을 스쳐 걸음

을 옮겼다.

"아차차, 내 정신 좀 보게. 다음에 또 뵐게요, 스님."

"이지 아가씨!"

신돈이 뒤쪽에서 부르자 이지가 멈칫했다. 의아한 듯 돌아보는 이지를 향해 신돈이 다가왔다. 신돈이 이지의 얼굴을 들여다보며 의미심장하게 미소 지었다.

"호오, 이제 보니 아주 재미있는 아가씨군요."

"뭐, 뭐가요?"

기묘하게 빛나는 신돈의 눈동자가 기분 나빠 이지가 목을 움츠렸다. 신돈이 은밀한 목소리로 속삭였다.

"아가씨는 이 세계에 속한 사람이 아니군요. 아주 먼 미래에서 기괴한 운명의 소용돌이에 휩쓸려 여기까지 오게 된 겁니다."

이지가 입을 쩍 벌렸다.

"그…… 그걸 어떻게……?"

신돈이 손가락으로 자신의 눈을 가리켰다.

"제가 수양은 부족하지만 눈 하나만큼은 밝답니다. 그래서 보통 사람들이 보지 못하는 것을 보곤 하지요."

"……!"

이지가 몸을 가늘게 떨며 기분 나쁘게 웃고 있는 신돈의 얼굴을 들여다보았다. 이지가 몸을 빙글 돌려서 대전 쪽으로 달려갔다.

"어쨌든 저는 이만 가볼게요!"

멀어지는 이지의 뒷등을 보며 신돈이 다시 합장을 취했다.
"우리는 곧 다시 만나게 될 겁니다. 아미타불……."

널찍한 대전 정면의 옥좌에 공민왕이 비스듬히 앉아 있었다. 대전 좌우편에는 신하들과 장군들이 늘어섰고, 장군들 사이로 굳은 표정의 최영 장군과 이성계의 얼굴도 보였다. 이지는 살금살금 대전 안으로 들어와 걸레로 먼지를 닦는 시늉을 하며 공민왕의 안색을 살폈다.
"어라, 어째 좀 이상하다."
공민왕을 바라보던 이지가 고개를 갸웃했다. 공민왕의 모습이 평소와는 조금 달랐기 때문이다. 산발한 머리는 쪽을 틀어 관을 썼고, 옷도 단정하게 입고 있었지만 붉게 달아오른 얼굴로 비실비실 웃고 있는 게 조금 수상쩍었다.
"대낮부터 술에 취했구나……!"
한참만에야 공민왕이 취했음을 깨달은 이지의 안색이 굳어졌다. 그렇잖아도 오랫동안 나랏일을 돌보지 않아 신하들의 불만이 높은 이때에 왕이 만취한 상태로 대전에 나왔다는 건 좋지 못한 징조였다. 이지가 걸레질을 멈추고 공민왕을 바라보며 전전긍긍했다. 이때 대신들의 수장인 문하시중 이인임이 앞으로 한 걸음 나서서 공민왕을 향해 머리를 조아렸다.
"신 이인임이 전하께 올릴 말씀이 있사옵니다."
"꺼억, 말하라."

공민왕이 길게 트림하며 말하자 이인임이 씰룩했다. 고개를 들고 공민왕의 취한 얼굴을 지그시 보던 이인임이 다시 머리를 숙였다.

"승하하신 왕비마마의 명복을 빌기 위한 절의 건립이 이제 막 끝났습니다. 그런데 전하께선 또 다른 세 개의 사찰을 지으라는 명을 내리셨습니다."

공민왕이 연신 하품하며 고개를 끄덕였다.

"그래, 짐이 분명 그리하라 명령했지."

"하지만 전하, 사찰 하나를 짓는 것만으로도 백성들의 고통이 대단했습니다. 이제 다시 세 곳에 사찰을 세우라 하시면 평소 전하를 어버이처럼 따르던 백성들마저 원망하는 마음이 생길 것이옵니다."

"누가 감히 짐을 원망해?"

쾅!

공민왕이 주먹으로 왕좌의 팔걸이를 내리치자 대신들과 장군들이 움찔했다. 공민왕이 무시무시한 눈초리로 이인임을 쏘아보았다.

"왕을 능멸하는 것들에게 전하라. 그렇게 짐이 싫으면 고려를 떠나 원나라의 백성이 되든지, 여진의 야만족이 되든지 하라고. 짐도 국모를 잃은 슬픔조차 느끼지 못하는 짐승 같은 백성들은 필요가 없느니라."

"하지만 전하……."

"닥쳐라, 이인임! 계속해서 입을 함부로 놀린다면 살아남지 못할 것이다!"

이인임을 손가락으로 겨누는 공민왕의 핏발선 눈에서 불꽃이 튀길 것 같았다. 용기를 내어 직언한 이인임도 어쩔 수 없이 물러설 수밖에 없었다. 신하들과 장군들 사이로 무거운 침묵이 흘렀다. 내색은 못 했지만 그들 모두 왕에게 실망하는 기색이 역력했다. 사랑하는 아내를 잃은 왕에 대한 연민이 없는 것은 아니었다. 하지만 공민왕의 슬픔과 방황은 너무 오랫동안 계속되고 있었고, 그것은 대신들과 장군들은 물론 백성들까지 지치도록 만들었다.

"전하, 그러시면 안 돼요. 제발 정신을 차리셔야 해요."

이지는 공민왕이 점점 인심을 잃어가는 게 걱정이었다. 공민왕을 걱정하는 사람은 이지뿐이 아닌 것 같았다. 이번엔 최영이 앞으로 나서서 고개를 숙였다.

"신, 최영. 한 말씀 올리겠나이다."

"말해보라."

귀찮다는 듯 손을 휘휘 내젓는 공민왕을 올려다보며 최영이 힘주어 말했다.

"몽골족이 세운 원나라가 급속히 약화되고 있는 것은 다행이지만 이 틈을 타고 창궐한 한족의 홍건적이 호시탐탐 우리의 국경을 위협하고 있습니다. 장차 홍건적의 침략에 대비하려면 군비가 넉넉해야 하는데, 연이은 대규모 토목공사로 병사들을 입히고 먹을 자금조차 없습니다. 전하, 나라의 미래를 생각하시어 부디 토목공사를 줄여주소서."

"끄으으……."

세상에서 가장 슬픈 이별

공민왕이 눈을 무섭게 치켜뜨고 이를 갈아붙였다. 공민왕이 벌벌 떨리는 손가락으로 최영을 가리켰다.

"최영, 그대만은 믿었거늘 어찌 짐을 능멸하는가?"

최영이 억울한 듯 외쳤다.

"전하, 소신은 전하를 능멸한 적이 없습니다. 소신은 다만 국가를 걱정했을 뿐이옵니다."

"닥쳐라! 닥치지 않으면 아무리 그대라도 벨 것이다!"

"전하!"

최영이 다시 뭐라고 하려는데 이성계가 팔소매를 끌어당겼다. 이성계가 최영에게 얼굴을 접근시키고 속삭였다.

"장군, 그만하시죠. 목숨이 위태로울 수도 있습니다."

"크흐음……."

신음을 흘리던 최영이 공민왕을 향해 고개를 숙였다.

"송구합니다, 전하. 소신이 실언을 하였습니다."

"좋아, 이번만은 특별히 용서해주지."

공민왕이 손뼉을 짝짝 마주쳤다.

"분위기도 바꿀 겸 짐이 그대들에게 소개할 인물이 있다."

동시에 대전의 옆문이 열리며 승복을 입은 웬 젊은이가 나타났다. 머리를 산발한 젊은이는 무엇이 그리 좋은지 싱글벙글 웃으며 왕좌 바로 밑에 섰다.

"시…… 신돈……?"

수상한 젊은 승려를 알아본 이지의 입에서 신음이 새어나왔다. 신돈은 고개를 빳빳이 들고 대신들과 장군들의 얼굴을 유심히 관찰하고 있었다. 입가에는 상대를 깔보는 듯한 미소를 머금은 채. 대신들과 장군들이 어리둥절한 표정으로 그런 신돈을 바라보았다. 공민왕이 신돈을 가리키며 씨익 웃었다.

"젊은 승려의 이름은 신돈. 얼마 전 왕비를 잃고 시름에 잠겨 있는 짐을 찾아와 주옥같은 가르침으로 새로운 희망을 품게 해주었지. 그래서 나는 신돈에게 청한거사라는 법명을 내리고, 왕의 스승인 국사로 삼을 것이오."

대신들이 눈이 휘둥그레졌다.

"국사라고……?"

"근본도 모르는 중을 어찌 국사로……?"

고려는 불교를 숭상하는 나라다. 그래서 덕망 높은 스님을 왕의 스승인 국사로 삼기도 했다. 당연히 국사가 되면 엄청난 권력을 누릴 수 있었다.

문하시중 이인임이 다시 나섰다.

"전하, 국사는 막중한 자리입니다. 부디 분부를 거둬주옵소서."

"그러니까 신돈에게 자격이 없다는 뜻인가?"

"그러하옵니다."

공민왕이 신돈을 보며 피식 웃었다.

"들었느냐, 신돈?"

"예, 똑똑히 들었습니다."

"대신들이 너를 의심한다. 어찌하면 좋겠느냐?"

"저의 능력을 보인다면 저들도 왈가불가하지 못할 것입니다."

이인임이 신돈을 노려보며 외쳤다.

"어떻게 능력을 보인단 말인가? 설마 바람을 부르고 비를 내리게 하지는 않을 터."

신돈이 입가에 흐릿한 비웃음이 걸렸다.

"물론 호풍환우도 가능합니다만, 더 확실한 방법이 있습지요."

"그게 무엇인가?"

신돈이 이인임을 가리키며 기분 나쁘게 눈을 빛냈다.

"바로 여러분의 마음을 읽는 것입니다."

"마, 마음을 읽는다?"

황당한 표정의 이인임에게 시선을 고정시킨 채 신돈이 확고하게 말했다.

"그렇습니다."

"이제 보니 형편없는 사기꾼이로군. 그게 말이 된다고 생각하는가?"

"좋습니다. 그럼 일단 문하시중의 마음부터 읽어 보겠나이다."

신돈의 눈에서 희미한 안광이 어른거리기 시작했다. 신돈이 강렬한 눈빛으로 이인임의 얼굴을 쏘아보았다. 이지는 물론 모든 대신들과 장군들이 신돈에게 집중하고 있었다. 이지는 가슴이 쿵쾅거리는 것을 느꼈다. 신돈은 분명 자신이 먼 미래에서 왔음을 알아차렸던 것이다. 그에게 무슨 능력이 있는지 장담할 수가 없었다.

한참만에야 신돈의 입이 열렸다.

"저런, 장군께선 참으로 대단한 능력을 가진 분이군요."

이인임이 가소롭다는 듯이 웃었다.

"아무 능력도 없으면서 문하시중이 되었겠느냐?"

"지당한 말씀입니다. 그렇게 대단한 분이시니, 나이 육십에 열여덟밖에 안 된 종년에게서 아들까지 보신 거겠죠."

"그, 그걸 어떻게……?"

이인임이 귀신이라도 본 사람처럼 눈을 부릅떴다. 득의만만한 미소를 흘리는 신돈을 최영과 이성계를 비롯한 대신들이 경악의 시선으로 바라보았다. 공민왕이 대신들을 가리키며 키득거렸다.

"어때? 이래도 신돈에게 국사의 자격이 없다고 할 텐가?"

최영이 도저히 인정할 수 없다는 듯이 외쳤다.

"저 요승은 아마도 문하시중의 뒷조사를 했을 것입니다. 믿지 마소서, 전하."

"방금 증거를 보고도 그런 말을 하는가?"

"말 몇 마디가 증거가 될 수는 없습니다."

"호오, 그런가?"

공민왕이 다시 신돈을 힐끗 보았다. 왕의 의도를 알아차린 신돈이 고개를 살짝 끄덕이며 최영의 얼굴을 주시했다. 두 눈에선 불길한 안광이 일렁이고 있었다. 최영이 가슴을 당당하게 펴고 신돈의 눈빛을 받아냈다. 잠시 후, 신돈이 씨익 웃으며 고개를 살짝 숙였다.

"듣던 대로 최영 장군은 하늘을 우러러 부끄러움 한 점 없는 분이시군요. 과연 존경할 만합니다."

"흥!"

최영이 대답할 가치도 없다는 듯 고개를 홱 돌려버렸다. 신돈의 시선이 이번엔 불안감을 이기지 못하고 전전긍긍하는 중년의 신하에게로 옮겨졌다.

"호오, 좌찬성은 좋으시겠습니다. 며칠 전 사병들을 동원해서 고향 백성들의 농토를 깡그리 빼앗지 않았습니까? 이렇게 빼앗은 농토만 수십만 평이 된다죠?"

지목받은 신하기 떨리는 목소리로 항변했다.

"이놈, 거짓말하지 마라! 전하와 대신들 사이를 이간질시키는 의도가 무엇이냐?"

신돈이 비웃음을 흘리며 좌찬성에게 다가갔다. 그리고 그에게 얼굴을 들이밀며 눈을 번뜩였다.

"제 말이 거짓이라고요?"

"다, 당연하다."

"좋습니다. 그럼 저와 내기를 하실까요?"

"무슨 내기?"

신돈이 장군들과 대신들 쪽으로 돌아서며 우렁차게 외쳤다.

"지금 당장 좌찬성의 고향인 양주로 전하께서 직접 조사관을 파견해 좌찬성이 백성들의 농토를 강제로 빼앗은 적이 있는지 없는지 조사를 벌이는 겁니다! 그 결과 제가 틀렸다면 기꺼이 목숨을 내놓겠습니다!"

신돈이 좌천성의 눈을 들여다보며 착 가라앉은 소리로 말했다.

"하지만 맞다면 좌찬성께서도 그 목을 내놓으셔야 할 것입니다."

대전 안이 무거운 침묵에 잠겼다. 대신들과 장군들 중 누구도 숨소리조차 내지 못했다. 이지도 충격에 싸인 채 신돈을 응시했다. 재미있다는 듯 대신들과 장군들을 굽어보던 공민왕이 천천히 입을 열었다.

"좌찬성."

"예…… 옙!"

"짐은 신돈의 주장이 합당하다고 생각하는데 그대의 생각은 어떠한가?"

"저어…… 그것이……."

공민왕의 표정이 냉담하게 변했다.

"신돈의 말이 사실이라면 그대는 물론 그대의 가족까지 참형을 당할 것이다."

"!"

좌찬성이 찢어질 듯 눈을 부릅떴다. 식은땀을 줄줄 흘리며 부들부들 떠는 좌찬성을 지그시 바라보며 공민왕이 말했다.

"자, 마지막 기회다, 좌찬성. 지금이라도 죄를 자백한다면 목숨만은 살려줄 것이다."

"끄으으……."

사시나무 떨 듯 떨고 있던 좌찬성이 허물어지듯 무릎을 꿇었다.

"크흐흑! 죽을죄를 지었습니다, 전하!"

공민왕이 손을 휘휘 저었다.

"귀찮구나. 궁 밖으로 끌어내라."

"옙, 전하!"

용호군 장수들이 달려 들어와 좌찬성을 질질 끌고 나갔다. 신돈이 대전 한복판에 오연히 서서 사색이 되어 끌려가는 좌찬성을 지켜보았다. 공민왕이 신돈을 가리키며 외쳤다.

"자, 아직도 신돈을 믿지 못하겠다는 자가 있으면 앞으로 나서라."

감히 누구도 나서지 못했다. 마음속을 꿰뚫는다는 신돈과 시선을 마주치고 싶지 않았던 것이다. 이지는 신돈이 참 교활한 사람이라고 생각했다. 사람은 누구나 한두 가지쯤 약점이 있기 마련이다. 신돈은 그런 사람들의 약점을 교묘하게 이용하고 있었다.

'혹시 신돈에게 정말로 특별한 능력이 있는 것은 아닐까?'

고민하던 이지가 고개를 휙휙 가로저었다. 세상에 그런 능력을 가진 사람이 있을 리 없는 것이다.

'그렇다면 내가 미래에서 왔다는 건 어떻게 알았을까?'

이지가 고민에 빠져 있을 때 이성계의 목소리가 쩌렁하게 울려 퍼졌다.

"전하, 소장은 여전히 저 중놈을 믿지 못하겠나이다!"

공민왕과 신돈의 날카로운 시선이 젊은 장군 이성계에게 쏠렸다. 하지만 이성계는 눈도 깜빡하지 않았다. 신돈이 싱글벙글 웃으며 이성계에게 다가섰다. 그리고 이성계의 눈을 뚫어져라 들여다보았다.

이성계가 피식 실소했다.

"왜, 나도 백성들을 수탈한 것으로 보이느냐?"

순간 신돈의 입가에서 웃음기가 싹 사라졌다. 충격을 받은 듯 부르르 전율하던 신돈이 억눌린 목소리로 말했다.

"아니오, 장군은 그렇게 치사한 분이 아닙니다."

이성계가 주먹으로 가슴을 쿵쿵 두드렸다.

"당연하지. 내가 이래봬도 대장부다."

신돈이 갑자기 버럭 고함쳤다.

"하지만 장군은 나라를 빼앗을 사람입니다!"

"맙소사……!"

긴장된 눈으로 두 사람을 지켜보던 이지의 입에서 신음이 새어나왔다. 사람의 마음을 꿰뚫어본다는 신돈의 말은 거짓이 아니었던 모양이다. 이지도 공민왕을 위해서 그동안 이성계를 경계해왔다. 그런데 어느새 친구 같은 사이가 되어버렸던 것이다. 이지의 불안한 시선이 공민왕에게로 향했다.

당황하는 이성계를 뚫어져라 바라보던 공민왕이 착 가라앉은 소리로 물었다.

"신돈, 방금 뭐라고 했지? 이성계가 무엇을 빼앗을 남자라고?"

신돈이 충격에서 완전히 벗어나지 못한 얼굴로 공민왕을 향해 돌아섰다.

"예, 전하. 이성계는 나라를 빼앗을 운명을 가지고 태어난 자입니다."

"분명한 사실이렷다."

공민왕의 목소리가 가늘게 떨렸다.

이성계가 공민왕을 향해 황급히 머리를 숙였다.

"거짓입니다, 전하. 소장은 오직 전하께 충성하는 마음뿐이옵니다."

최영도 나서서 이성계를 두둔했다.

"맞습니다, 전하. 이 장군은 군부의 젊은 수장으로서 오직 나라와 전하를 위해 싸워왔습니다."

"하지만 신돈이 저렇게 말하지 않느냐? 신돈은 절대로 짐에게 거짓말을 하지 않는다."

"하오나 전하."

"듣기 싫다. 당장 이성계를 하옥시켜라."

당황하는 이성계를 향해 달려가는 용호군들을 멍하니 보고 있던 이지가 버럭 고함쳤다.

"신돈은 분명히 거짓말을 하고 있어요!"

"!"

순간 좌중의 시선이 일제히 이지에게로 쏠렸다. 이지가 후들후들 떨리는 다리를 간신히 움직여 신돈과 이성계를 향해 걸어갔다.

"이지야."

세상에서 가장 슬픈 이별

이성계가 이지를 알아보고 반가운 척을 했다. 왕좌를 박차고 일어서 있던 공민왕도 놀란 눈으로 이지를 보았다. 이성계와 신돈의 얼굴을 번갈아 쳐다보던 이지가 신돈을 가리키며 확고한 목소리로 말했다.

"저는 이 스님이 거짓말을 하고 있다는 걸 알아요."

공민왕이 이지를 향해 물었다.

"이지야, 네가 신돈을 어찌 아느냐? 그리고 무슨 근거로 거짓말쟁이라고 단정하는 것이냐?"

신돈의 얼굴에 시선을 고정시킨 채 이지가 대답했다.

"저는 대전으로 오기 직전에 이 스님을 만났어요. 그렇죠, 스님?"

"예, 분명한 사실입니다."

신돈이 순순히 고개를 끄덕였다.

"그때 스님은 분명히 말했지요. 제가 이 세계에 속한 사람이 아니라 운명의 소용돌이에 휩쓸려 머나먼 미래에서 이곳으로 뚝 떨어졌다고요. 그렇지 않나요?"

"으음……."

신돈이 선뜻 대답하지 못하고 신음을 흘렸다. 주위의 대신들과 장군들이 웅성거리기 시작했다.

"이 세계에 속한 사람이 아니라고?"

"먼 미래에서 뚝 떨어졌다고?"

"저 아이의 말이 사실이라면 신돈은 거짓말쟁이거나 미치광이가 틀림없군."

대신들과 장군들의 시선이 일제히 신돈의 입으로 쏠렸다. 이성계와 공민왕도 신돈을 주시하고 있었다. 이지는 신돈이 분명 거짓말을 하리라고 생각했다. 그래도 이지는 공민왕이 신돈보다는 자신의 말을 믿어줄 것이라고 확신했다. 이지의 얼굴을 조용히 응시하던 신돈의 입이 한참만에야 열렸다. 하지만 그의 입에선 전혀 뜻밖의 말이 튀어나왔다.

"이지 아가씨의 말이 맞습니다. 저는 분명히 그렇게 말했습니다."

"……!"

　이지가 황당한 듯 신돈의 얼굴을 보았다. 도대체 왜? 이지의 눈은 의문으로 가득 차 있었지만 신돈은 그것을 풀어줄 마음까지는 없는 것 같았다. 신돈이 공민왕 쪽으로 빙글 돌아서며 고개를 숙였다.

"하지만 전하, 이성계 장군이 언젠가 나라를 훔칠 것이라는 소승의 말은 분명한 사실이옵니다."

　한동안 지그시 이지를 바라보던 공민왕이 왕좌에 털썩 주저앉으며 손을 휘휘 저었다.

"그 얘기는 그만하도록. 이것으로 조정회의를 마치겠으니 모두 물러가라."

7
지킬 수 있는 것과 지킬 수 없는 것

이지와 이성계는 나란히 대전의 계단을 밟고 내려왔다. 계단을 내려서자마자 이성계가 이지를 향해 돌아섰다. 그가 드물게도 진지한 얼굴로 말했다.

"맹세할게."

"뭘 또?"

"언젠가 네게 위기가 닥치면 내 목숨을 걸고서라도 구해줄게."

"오늘 도와준 은혜를 갚겠다 이거야?"

이성계가 고개를 가로저었다.

"아니, 꼭 그것 때문이 아니라 실은 나는 너를 좋아……."

이성계가 중대한 고백을 하려는 순간, 뒤쪽에서 부르는 소리가 들렸다.

"이번엔 운이 좋으셨습니다, 이 장군."

두 사람을 향해 신돈이 싱글벙글 웃으며 다가오고 있었다. 이지와 이성계가 나란히 미간을 찌푸렸다. 신돈이 두 사람의 얼굴을 번갈아 보며 히죽 웃었다.

"이지 아가씨의 도움이 아니었으면 장군은 지금쯤 사형장으로 끌려가고 있었을 겁니다."

"닥쳐라, 요승!"

검을 잡으려는 이성계를 이지가 말렸다.

"신돈님은 어쨌든 전하의 국사야. 함부로 대해선 안 돼."

"과연 현명하시군요, 아가씨. 그런데 참 이상하죠?"

신돈이 눈이 순간적으로 빛났다.

"아가씨는 분명 이 장군이 후일 고려를 무너뜨릴 것을 알 텐데, 왜 그를 처단할 기회를 스스로 날려버렸을까요? 아가씨는 전하께서 가장 믿으시는 친구 분이라고 들었는데요."

"이놈, 닥치지 못할까?"

다시 흥분하는 이성계를 말리며 이지가 말했다.

"제가 전하의 친구라는 건 분명한 사실이에요. 친구의 입장에서 솔직히 이 장군보단 신돈님이 더 걱정이 되는군요."

"흐음…… 솔직한 대답을 원했는데 실망스럽군요. 앞으로 차차 알게 되겠지요. 그럼 전 이만."

신돈이 짓궂은 개구쟁이처럼 손을 흔들며 돌아섰다. 멀어지는 신돈의 뒷모습을 노려보며 이성계가 우울하게 중얼거렸다.

"저 중놈 때문에 장차 고려에 혼란의 광풍이 불어닥치겠구나……!"

이성계의 예측은 정확했다. 노국공주를 잃은 슬픔을 극복하지 못하고 정치에서 손을 뗀 공민왕을 대신해서 실권을 잡은 신돈은 마음껏 권력을 휘둘렀다. 그는 자신에게 반대하는 충신들을 내쫓고, 충성을 맹세한 간신배들을 요직에 앉혀 국정을 마음대로 주물렀다. 왕실의 재정을 장악해 돈을 마음대로 뿌렸고, 신하들의 재산을 빼앗아 자신의 세력을 늘리는 데 사용했다. 뿐만 아니라 궁궐 못지않게 화려한 저택을 만들어놓고 여러 처첩들을 거느리고 살았다. 그의 처소에선 하루도 빼놓지 않고 연회가 벌어져 음악 소리와 여자들의 웃음소리가 끊이질 않았다.

이보다 더 지독한 신돈의 악행은 바로 공민왕을 타락의 길로 인도했다는 것이다. 신돈의 저택에 반야라는 이름의 미인이 있었다. 신돈은 자신의 처소에 자주 들르는 공민왕의 눈에 일부러 반야가 띄도록 했고, 결국 공민왕은 반야와 깊은 사이로 발전해 아들 우를 낳았다. 신돈은 반야와 우를 이용해 공민왕을 마음대로 조종하려고 했다.

공민왕을 꼭두각시로 만들려는 신돈의 음모는 여기에서 그치지 않았다. 그는 공민왕을 경호한다는 명목으로 귀족들의 자제들로만 이루어진 자제위를 만들었다. 그리고 여기에 뽑힌 미청년들과 공민왕이 매일 밤 술에 취해 지내게 만들었다. 게다가 신돈은 공민왕과 반야 사이에서 태어난 우가 그 태생이 미천하다는 이유로 공민왕의 모후인 명덕태후로부터 세자 책봉을 받지 못하자 새로운 태자를 만들 욕심으로 공민왕의 빈들과 자제위의 미청년들이 정을 통하도록 조종했다. 정비, 혜비, 신비 등은 목숨을 걸고 끝내 거부했지만 익비가 홍윤, 한안 등과 간음하여 임신까지 하기에 이르렀다.

"맙소사⋯⋯ 사람의 탈을 쓰고 어떻게 그런 짓을⋯⋯?"

이성계로부터 무서운 사실을 전해들은 이지는 경악했다. 이성계가 눈을 퍼렇게 빛내며 이를 갈아붙였다.

"신돈이 전하를 망치고 있어. 이대로 가면 고려는 망하고 말 거다."

"내가 전하를 만나겠어. 그리고 신돈을 쫓아내라고 설득하겠어."

결연히 중얼거리는 이지의 얼굴을 이성계가 걱정스럽게 보았다.

"지금의 전하는 제정신이 아니야. 너라 해도 목숨이 위험하다고."

"목숨을 잃게 된다 해도 할 수 없지."

"뭐라고?"

"나는 돌아가신 공주님께 맹세했어. 어떠한 경우에도 전하를 지켜 드리겠다고 말이야. 지금이야말로 그 약속을 지켜야할 때야."

"으음⋯⋯."

이지의 결심이 확고했지만 이성계는 여전히 고개를 젓고 있었다.

우르르릉- 콰앙!

무더위가 기승을 부리던 그날 밤, 벼락이 몰아치며 장대비가 쏟아지기 시작했다. 이지는 비를 맞으며 공민왕의 침전으로 향했다. 침전 앞을 지키던 자제위의 잘생긴 청년들이 이지의 앞을 막아섰다. 그러나 이내 이지의 얼굴을 알아보고 길을 터주었다.

 계단을 밟고 올라간 이지가 조용히 미닫이문을 열었다. 널찍한 방 복판에 주저앉아 공민왕은 울고 있고, 그의 옆에선 신돈이 구슬프게 피리를 불고 있었다. 잠시 이 기괴한 광경을 지켜보던 이지가 공민왕의 시선이 향하는 곳을 쳐다보았다. 한쪽 벽에 공민왕이 직접 그린 노국공주의 초상화가 걸려 있었다. 공민왕은 노국공주의 초상화를 바라보며 하염없이 눈물을 흘리고 있었다. 그는 왕비를 잃은 슬픔에서 단 한 발짝도 벗어나지 못했다. 매일 밤 술에 취하는 것도 지긋지긋한 슬픔에서 벗어나려는 몸부림이라는 것을 이지는 알고 있었다. 하지만 신돈처럼 사악한 사람이 곁에 붙어 있으면 결코 헤어나지 못할 것이다. 신돈은 사람의 슬픔을 이용하는 법을 알고 있었다. 저 사악한 승려는 슬픔이 사람을 얼마나 나약하게 만드는지 속속들이 알고 있는 것이다.

 이지가 안쪽으로 걸음을 옮기며 공민왕을 불렀다.

"전하."

"흐흑."

 공만왕은 그녀의 목소리를 듣지 못했다. 이지가 조금 더 또렷하게 불렀다.

"전하, 이지가 왔습니다."

"오, 이지야."

그제야 공민왕이 눈물범벅의 얼굴로 이지를 돌아보았다. 공민왕이 서럽게 훌쩍이며 노국공주의 초상화를 가리켰다.

"이지야, 어쩌면 좋으냐? 노국공주가 떠났다. 나 혼자만 험한 세상에 남겨두고 훌쩍 떠나버렸어."

이지도 마음이 아팠다. 그의 절절한 슬픔에 콧잔등이 시큰해졌다. 하지만 그녀는 마음을 독하게 먹었다. 함께 우는 것만으론 절대로 그를 일으켜 세울 수가 없는 것이다. 이지가 갑자기 벽에 걸린 초상화를 향해 돌아섰다.

부우욱.

그리고 초상화를 뜯어내 갈가리 찢어버렸다.

"저…… 저런……!"

신돈이 연주를 멈추고 질린 눈으로 이지를 쳐다보았다. 공민왕도 찢어져라 눈을 부릅뜬 채 이지를 보았다. 그의 눈에서 놀라움이 사라지고 대신 강렬한 분노가 채워졌다. 공민왕이 핏발선 눈으로 이지를 쏘아보며 천천히 일어섰다.

"이지 너만은 나의 고통을 헤아릴 줄 알았거늘…… 노국공주를 잃은 나의 슬픔을 이해할 줄 알았거늘……."

"어리광 좀 그만 부려요!"

이지가 버럭 소리를 지르자 공민왕이 멈칫했다. 촉촉한 눈으로 공민왕을 쏘아보며 이지가 또박또박 말했다.

"노국공주께선 몽골 초원을 진심으로 사랑했어요. 대지의 신 탱크리의 가호를 믿었어요. 그런 그녀가 왜 조국을 배신하면서까지 전하의 편에 섰는지 아세요?"

"……."

"그건 전하께서 백 년간이나 왕다운 왕이 없었던 고려의 진정한 국왕이 될 거라고 믿었기 때문이에요. 들판에서 곡식이 풍성하게 익어가고, 백성들이 흥겹게 춤추는 모습을 전하와 나란히 지켜보고 싶었기 때문이라고요. 그래서 공주님은 자신과 전하가 함께 꾸었던 꿈을 지켜달라고 제게 부탁했던 거예요. 그러면 자신도 영원히 전하 곁에서 살아 숨 쉴 수 있을 테니까요."

"이, 이지야……."

공민왕이 충격을 이기지 못하고 부들부들 떨었다. 이지가 입술을 지그시 깨물며 말을 이었다.

"살다보면 우리는 견딜 수 없을 것 같은 슬픔을 겪기도 해요. 하지만 세상에 견딜 수 없는 슬픔이란 없어요. 그것은 슬픔이 대수롭지 않아서가 아니라 우리 모두가 언젠가는 죽음을 맞이하기 때문이에요. 우리도 언젠가는 먼저 떠난 그들이 있는 곳으로 갈 수 있다는 믿음은 마지막 희망과도 같아요. 그렇기에 살아 있는 동안에는 눈물을 참으며 열심히 살아가야 하는 거예요. 그래야 나를 평생 슬프게 했던 그 사람과 다시 만났을 때 부끄럽지 않을 수 있을 테니까요."

"아아……."

공민왕의 입에서 깊은 탄식이 흘러나왔다. 이제야 그도 길고 긴 고통의 동굴을 지나 희망의 불빛을 발견한 것 같았다. 이지가 눈을 치켜뜨며 신돈을 가리켰다.

"저자를 쫓아내세요. 저자는 전하의 눈을 흐리고, 전하께서 슬픔의 늪에서 영원히 허우적거리게 만들려 하고 있어요."

신돈이 공민왕의 다리를 붙잡고 매달렸다.

"듣지 마십시오, 전하. 이지는 교활한 말로 전하와 저를 이간질시키고 있습니다."

"신돈."

공민왕이 감정이 실리지 않은 목소리로 신돈을 불렀다.

"예…… 예……."

"너도 이제 그만 집으로 돌아가라."

"하지만 전하!"

"내가 너를 죽여서 끌어내야겠느냐?"

신돈의 안색이 창백해졌다. 한동안 원망 가득한 눈으로 이지를 쏘아보던 신돈이 힘없이 일어나더니 비틀거리며 침전을 빠져나갔다. 한때 최고의 권력을 누렸던 승려의 뒷모습은 초라했다.

공민왕이 부드럽게 이지를 불렀다.

"이지야."

"예, 전하."

"가서 문하시중과 최영 장군을 불러주겠니?"

"이 늦은 시각에 그들은 왜요?"

"신돈이 엉망진창으로 어질러놓은 정사를 바로잡으려면 서둘러야 하지 않겠니?"

이지가 신이 나서 돌아섰다.

"당장 모셔 올게요."

바깥에는 여전히 비가 쏟아지고 있었다. 이지는 개의치 않고 계단을 달려 내려갔다. 앞마당을 가로질러 뛰어가던 이지가 문득 멈칫했다. 앞쪽에서 비를 맞으며 걸어오는 두 미청년을 발견했기 때문이다. 그들이 공민왕으로부터 특히 총애받는 자제위의 홍윤과 한안임을 알아보고 이지가 아는 척을 했다.

"오랜만이네요, 두 분?"

"……"

두 청년은 이지 쪽을 쳐다보지도 않고 쌩하니 지나갔다.

"쳇, 왜 저러지?"

이지도 신경 쓰지 않고 월동문을 향해 달려갔다. 문을 통해 나가려다 말고 이지가 멈칫했다. 질린 듯 돌아보는 이지의 눈에 홍윤과 한안을 필두로 공민왕의 침전을 향해 올라가는 십여 명 자제위 청년들이 보였다. 그들의 손에 시퍼런 검이 들려 있음을 알아차린 이지가 비명을 지르며 달려갔다.

"거기 멈춰!"

침전 안으로 뛰어든 이지가 입을 쩍 벌렸다.

"이…… 이럴 수가……!"

그녀의 눈에 피투성이가 되어 방바닥에 쓰러진 채 버둥거리는 공민왕의 모습이 들어왔다. 홍윤과 한안을 비롯한 자제위의 청년들이 핏물이 뚝뚝 흐르는 검을 쥔 채 공민왕을 에워싸고 있었다. 이지는 직감적으로 저들이 익비와 정을 통한 사실이 들통날까 봐 왕을 시해하려 한다는 사실을 알아차렸다.

"잘 가라, 폭군!"

홍윤과 한안이 검을 쳐드는 것을 보고 이지가 무작정 뛰어들었다.

"전하를 해쳐선 안 돼!"

"당장 물러서라!"

"너도 죽고 싶으냐?"

홍윤과 한안이 눈을 부라렸지만 이지는 숨을 헐떡이는 공민왕을 안은 채 울부짖었다.

"이제부터 잘하려고 했단 말이야! 정말이야! 이제부터는……."

"미안하다, 이지야…… 나 먼저 노국공주의 곁으로……."

핏물을 게워내던 공민왕이 고개를 툭 떨구며 숨을 거두었다. 참으로 허망하게 숨진 왕을 멍하니 보다가 이지가 으스러져라 끌어안았다.

"내가 지켜주겠다고 했잖아요!"

오열하는 이지를 노려보던 홍윤과 한안 등이 검을 쳐들었다. 증인을 없애려는 것이다. 벼락같은 고함소리가 들려온 것은 그때였다.

"역적 놈들아, 이성계가 왔다!"

이성계가 휘두르는 칼에 자제위의 미청년들이 차례로 피를 뿌리며 쓰러졌다. 귀족들의 자제로 호의호식하던 그들이 만주의 대평원을 누비며 야만족들을 격퇴한 이성계의 상대가 될 수는 없었다.
　"이성계 이놈!"
　"네놈도 죽여주마!"
　홍윤과 한안이 이성계를 노리고 검을 찌르며 덤벼들었다. 이성계가 두 사람의 검을 간단하게 막아냈다. 그리고 무서운 기세로 밀어붙였다. 이성계의 검이 마침내 홍윤과 한안의 가슴을 차례로 찔렀다. 핏물을 뿌리며 발밑에 처박히는 홍윤과 한안을 이성계가 눈을 부릅뜨고 바라보았다. 이성계가 빙글 돌아서서 공민왕의 시체를 끌어안고 있는 이지를 보았다.
　"이지야, 괜찮니?"
　"늘 이런 식이야."
　"뭐라고……?"
　"뜬금없이 과거로 떨어져 좋아하고 싶은 사람을 만나게 되지. 하지만 그뿐이야. 아무리 노력해도 결국 소중한 사람을 지킬 수 없어."
　"대체 무슨 말을 하는 건지……?"
　이성계가 황당한 표정으로 물었지만 이지의 귀에는 들리지 않는 것 같았다.
　"그렇다면 대체 이 여행이 무슨 의미가 있단 말이야?"
　이지가 떨리는 손으로 공민왕의 창백한 볼을 쓰다듬었다.

"불쌍한 사람, 지켜주지 못해서 미안해요. 하지만 천국에서 노국공주를 만날 수 있으니 너무 서글퍼하지 말아요."

이지의 눈에서 다시 눈물이 샘솟았다. 참을 수 없는 슬픔이 이지의 영혼을 흔들었다. 그녀가 다시 공민왕을 와락 안으며 아이처럼 울었다.

"미안해요, 왕전……. 주노 선배, 미안해요……."

눈물을 뚝뚝 흘리는 이지의 입에서 공민왕의 이름과 주노의 이름이 교대로 흘러나왔다. 지금까지의 여행에서 만난 그 누구보다 공민왕은 주노와 많이 닮아 있었고, 그것이 이지의 슬픔을 보탰다.

이성계는 이제 그만 이지를 달래야겠다고 생각했다. 이지는 그야말로 숨이 끊어질 듯 슬퍼하고 있었던 것이다.

"이지, 그만 진정하고……."

떨리는 이지의 어깨를 향해 손을 내뻗던 이성계가 움찔했다. 그녀의 몸 윤곽을 따라 희미한 빛이 떠오르는 것을 발견했기 때문이다.

"어어…… 네 몸에서 웬 빛이……?"

놀란 이성계가 허리춤의 검 자루를 움켜잡았다. 이성계가 당황하는 사이 이지의 몸을 에워싼 빛은 점점 강렬해졌다. 눈부신 광채에 싸인 이지의 몸이 조금씩 흐릿해졌다. 그녀가 천천히 사라지며 이성계를 향해 울먹이는 소리로 말했다.

"신돈의 말이 모두 거짓은 아니야. 그의 말대로 나는 이 세계에 속한 사람이 아니야. 이제 나는 내가 살던 세계로 돌아갈 거야. 친구로서 마지막으로 부탁할게. 부디 전하의 시신을 잘 수습해줘. 생각해보면 참으로 가엾은 분이었어."

"이지야! 이지야! 대체 어디로 간다는 거야?"

이성계가 이지를 잡으려고 팔을 뻗었지만 그녀의 모습은 홀연히 사라지고 없었다.

"허어억!"

이지가 눈을 부릅뜨며 벌떡 몸을 일으켰다.

"애야, 괜찮니? 정신이 들어?"

이지의 멍한 시야에 마스크를 착용한 구급 요원들의 얼굴이 보였다. 이지가 무언가 말하려고 했지만 목소리가 나오지 않았다. 구급 요원 언니가 이지의 입을 막은 산소 마스크를 치워 주었다.

"하고 싶은 말이 있으면 해봐. 어디가 불편하니?"

"주노 선배는요? 저랑 같이 있던 오빠 말이에요."

언니가 이지의 옆 자리를 쳐다보며 빙그레 미소 지었다.

"안심하렴. 네 바로 옆에 누워 있잖니?"

이지가 옆자리를 휙 보았다. 순간 자신처럼 산소 마스크를 쓰고 잠들어 있는 주노의 모습이 들어왔다. 눈물을 글썽이며 주노를 내려다보던 이지가 그의 가슴에 엎드리며 눈물을 왈칵 터뜨렸다.

"선배, 살아 있어줘서 고마워요!"

공민왕은 떠났지만 주노는 자신 곁에 머물러 있다는 사실에 이지는 기쁨의 눈물을 뚝뚝 흘렸다.

고려의 마지막 개혁 군주, 공민왕

　　공민왕은 고려 31대 왕으로 충숙왕의 둘째 아들이며, 어머니는 명덕태후, 왕비는 원나라 위왕의 딸 노국대장공주이다. 공민왕은 12세가 되던 1341년에 원나라에 들어가 십년 동안 머물러 있다가 1351년에 충정왕의 뒤를 이어 즉위하였다. 즉위한 해에 바로 전면적인 인사이동을 단행하여 정치적 기반을 다진 뒤 이듬해에는 몽골식의 변발과 호복을 폐지하여 고려의 자주성을 세우려는 새로운 정치를 시작하였다. 공민왕과 신진사대부가 추진한 개혁 정치는 권문세족을 정치적으로 배제한 가운데 이루어져 실질적인 성과를 거둘 수 있었다. 그러나 1365년에 왕비인 노국대장공주가 죽자 실의에 빠져 모든 국사를 신돈에게 맡기고 정사를 소홀히 하였다. 1371년에는 실정을 거듭하는 신돈마저 귀양 보내 사사하였고, 그가 제거되자 신돈이 중심이 되어 추진하던 개혁 정치도 중단되었다. 공민왕의 개혁은 실패로 끝났지만 그 과정에서 새로운 정치 세력으로서의 신진사대부가 성장하는 계기가 되었다는 점은 중요한 의미를 지닌다.

1. 허울뿐인 고려왕

원나라 지배가 본격적으로 시작된 충렬왕대 이후 고려 국왕은 폐위와 복위가 반복되는 자리였다. 충렬·충선·충숙 세 왕이 각각 중간에 한 차례씩 폐위되었다가 복위하였고, 충혜·충목·충정 세 왕은 각각 5년도 채 안 되어 폐위되었다. 이러한 현상은 고려 왕조가 극심한 혼란 상태였음을 의미한다. 왕실과 권신들 간의 내분은 그치지 않았고, 백성들은 도탄에 빠졌다. 이 험난한 시기에 역사의 주역으로 살아남아야 했던 공민왕의 운명이 곧 고려의 운명이었다.

고려 국왕의 단명은 원나라 황제들의 빈번한 교체와도 깊은 관련이 있었다. 이 무렵 원나라는 1294년 세조가 죽은 직후부터 황위 다툼과 권신들의 전횡이 극심하였다. 반세기 동안에 황제가 열한 번이나 바뀌고, 황위가 비어 있는 상태만도 3~4회씩 되풀이 되었다. 국가의 재정은 파탄난 지 오래였고 백성은 백성대로 각종 부역과 기근에 지칠 대로 지쳐 있었다. 각지에서 반란이 일어나더니,

결국 홍건적이 봉기하여 원나라는 돌이킬 수 없는 몰락의 길을 걷기 시작했다. 공민왕은 바로 이러한 시기에 고려 국왕으로 즉위하였다.

2. 극적인 등극

공민왕은 충숙왕의 둘째 아들이며 충혜왕의 아우이다. 1330년에 태어난 공민왕이 전례에 따라 볼모로 원의 연경에 간 것은 열두 살 때였다. 이후 조카인 충정왕이 폐위되는 1351년까지, 약 십년을 연경에 억류되어 있었다.

왕위에 오른 공민왕은 원의 내정을 환히 꿰뚫고 있었을 뿐만 아니라, 대륙 각지에서 일어난 반란으로 원나라의 멸망이 멀지 않았음을 간파하고 있었다. 공민왕은 즉위하자마자 신하들의 건의를 흔쾌히 받아들여 변발을 풀어헤치고, 원나라의 공복을 벗는 과감한 모습을 보여주었다. 공민왕의 영토 회복과 국권 회복 운동은 그가 변발을 풀어헤쳤을 때 이미 그 막이 오른 것이었다.

3. 친원파에 대한 숙청

원나라 순제의 제2왕비인 기황후는 고려 여자였다. 기황후는 원래 원나라에 바쳐진 공녀였는데, 순제의 눈에 들어 아들을 낳으면서 핵심 권력자로 부상했다. 기황후에게는 기식·기철·기원·기주·기륜 등 여러 형제가 있었다. 기황후의 세력을 배경으로 고려와 원나라에서 모두 득세하며 영화를 누리던 기씨 형제들은 막강한 권력을 행사하며 왕에게도 고개를 숙이지 않을 만큼 방자했다.

친원파 가운데는 기씨 형제 외에도 조일신·노책·권겸이란 자가 있었다. 조일신은 원나라 체류 시절에 교류했던 사대부들의 후원에 힘입어 친원파의 수장 노릇을 하고 있었다. 노책은 딸을 원나라 태자비로 바치고 집현전 학사가 된 자이며, 권겸 역시 딸을 원나라 황태자비로 바치고 그 덕에 태부감 태감이 된 자였다.

원의 쇠락에 용기를 얻은 공민왕이 일차로 조일신을 제거하자 이에 위기감을 느낀 기씨 형제들은 공민왕의 폐위를 추진하였다. 역모를 눈치 챈 공민왕은 1356년에 대신들을 위한 연회를 베푼다고 속여 기철 일당을 대궐로 불러들였고, 공민왕의 계책을 눈치 채지 못한 기철과 권겸은 대궐 안에 들어가자마자 철퇴에 맞아 죽었으며 노책은 집에서 체포되어 죽임을 당했다.

원의 기황후는 자신의 일족들이 공민왕에 의해 제거되자 원한을 품고 복수할 기회만을 엿보고 있었다. 이를 눈치 챈 최유가 공민왕을 폐위하고 덕흥군을 옹립할 계획을 세웠다. 최유는 원나라에 체류하고 있던 대표적인 친원파로 충정왕이 왕위에 오를 때 공을 세운 자였다. 최유 일파가 옹립하려 한 덕흥군은 충선왕과 궁인 사이에 태어난 왕자로 어려서 중이 되었다가 원나라로 건너가 있던 상태였다. 그런데 때마침 기황후가 원나라 황제를 움직여 덕흥군을 고려 국왕으로 정해 주자 최유는 요양성의 군대를 빌려 고려로 쳐들어가려고 했다.

공민왕 13년인 1364년 1월 1일 최유는 마침내 덕흥군과 함께 원나라 군사 일만을 이끌고 압록강을 건너 의주를 포위했다. 공민왕은 최영을 도순위사에 임명하여 안주의 관군을 모두 지휘하게 하고, 또 이성계에게는 정예 기마병 일천을 주어 최영을 돕게 했다. 이에 최유는 기세가 꺾여 다시 원나라로 달아났는데, 이후에도 최유는 계속해서 본국을 헐뜯으며 다시 침공할 기회만을 엿보고 있었다.

국력이 쇠퇴한 원나라는 고려와 불화를 빚는 것을 원치 않았다. 원 순제는 고려에 사신을 보내서 공민왕의 복위를 승인하는 조서를 보냈다. 그리고 최유를 포박하여 고려로 압송시키고 덕흥군은 영평부로 귀양 보내버렸다.

4. 공민왕의 개혁정책들

친원파를 숙청한 공민왕은 이제 마음 놓고 개혁 정책을 펼쳤다. 먼저 변발과 호복 같은 몽고 풍속을 금지시키고, 원나라 연호를 쓰지 않았으며, 관료제를 고려식으로 되돌렸다. 죽은 왕에게 올리는 시호와 제사 의식도 원래대로 되돌렸다.

공민왕은 또한 정동행성을 없앴다. 정동행성은 일차 일본 원정 실패 후에 일본 정벌 준비를 위해 만들어졌다가 원나라 세조가 사망하고 난 뒤, 고려와 원나라를 연결하며 내정간섭을 일삼아오던 기구였다. 특히 죄인을 잡아들여 문초하던 정동행성 내 기구 이문소를 폐지하여 사법권도 되찾았다.

원나라는 고려의 철령 이북 땅을 다스리기 위해 백 년 동안이나 쌍성총관부를 유지해오고 있었다. 공민왕은 쌍성총관부를 공격하여 없애버리고, 원나라에 빼앗겼던 서북면과 동북면 일대 영토를 되찾았다.

공민왕은 또한 신돈의 주도로 전민변정도감을 설치하고, 권문세족들이 불법으로 차지한 토지를 원래 주인에게 돌려주는 한편, 억울하게 노비가 된 사람들을 양인으로 되돌렸다. 권문세족들이 가진 경제력을 약화시키고, 국가 재정을 튼튼히 할 수 있는 바탕을 만들기 위해서였다.

이처럼 공민왕은 친원 성향이 강한 권문세족의 힘을 누르고, 원나라 간섭에서 벗어나 자주성을 찾기 위해 노력했다. 대외적으로는 국제정세를 잘 읽어내고, 안으로는 백성들을 안정시키면서 왕권을 강화해 기울어가는 고려의 중흥을 꾀하였던 것이다.

5. 노국공주의 죽음과 개혁의 좌절

개성 근교에 자리 잡은 공민왕릉은 고려왕릉 가운데 유일한 부부 쌍릉이다. 죽어서도 함께 한 이들의 사랑이었지만, 출발은 정략결혼이었다. 노국대장공주는 공민왕의 정치 경로에 결정적인 영향을 끼친 인물이다. 생모가 고려인인 관계로 왕위 계승에서 번번이 낙마한 공민왕은 1349년에 정략적으로 노국대장공주와 결혼하였고 2년 뒤 왕위에 올랐다. 그러나 1365년에 노국공주가 난산으로 죽자, 그녀를 잊지 못한 공민왕은 왕비의 초상화를 벽에 걸고 밤낮으로 바라보면서 울 뿐 정사를 제대로 돌보지 않았다.

본래 여색을 좋아하지 않았던 공민왕은 노국대장공주가 살아 있을 때에도 왕비의 침소에 가는 일이 매우 드물었다. 노국공주와의 사이에서 아들을 얻지 못한 공민왕은 왕비가 죽은 뒤로 계비를 들이기도 하고, 혹은 신돈과 함께 불공을 드리며 축원하기도 했으나 후사를 얻지 못했다. 그 사이 공민왕은 신돈의 집에 자주 드나들다 신돈의 첩인 반야라는 미인을 총애하게 되었다. 공민왕의 사랑을 받은 반야는 아들을 낳았는데 이가 공민왕에 이어 왕위에 오른 우왕이다.

공민왕은 태후의 반대에 부딪혀 우를 세자로 삼지 못했으나, 여전히 태후 궁에 두고 강녕부원대군에 봉하였다. 이듬해에는 우가 궁인 한씨의 소생이라고 발표하게 했다. 당시 궁인 한씨는 이미 사망한 상태였는데, 우왕의 친모를 궁인 한씨라고 한 것은 생모인 반야가 신돈의 비첩 출신이기 때문이었다. 우왕은 당시에 공민왕의 아들로 공인되어 있었지만 반야의 아들이라는 사실 때문에 이른바 우왕이 신돈의 아들이라는 '우왕신씨설'을 내세운 이성계 일파에 의해 폐위되고 죽임을 당하였다.

재위 초반 고려의 자주독립과 여러 개혁 정치에 노력을 기울인 공민왕이었지만 정치가로서의 운명은 불우했다. 복잡한 국제 정세 속에서 반란과 잦은 전쟁은 공민왕의 인격을 파탄 냈고, 노국공주의 죽음은 그를 거의 폐인으로 만들었다. 절제와 금욕적인 삶을 살았던 왕이었지만, 노국공주의 죽음과 정치적 고독감을 이기지 못해 지나치게 성적인 것만 탐닉하는 왕으로 돌변했다. 전대 왕들의 사치를 비판하며 백성의 생활을 걱정하던 그는 백성의 고통을 외면한 채 대규모의 토목공사에 몰두하기도 했다.

공민왕은 신돈이 실각한 뒤로 이상한 모습을 보이기 시작했다. 자제위를 두어 나이 어린 미소년들을 뽑고는 온갖 추문을 뿌렸다. 자제위는 형식상 왕의 경호를 위한 귀족 자제들의 집단이었지만 실질적으로는 공민왕과 어울려 음탕한 연회를 일삼았다.

공민왕은 태후가 우를 세자로 허락해주지 않자 다시 후사를 걱정하였고, 급기야 홍윤 등 자제위들을 이용해 비빈들을 임신시킬 생각까지 하게 되었다. 공민왕은 홍윤·한안 등 자제위 출신들과 그의 비빈들을 억지로 간음하게 하여 왕자를 얻으려는 희망을 품었으나 정비·혜비·신비 등이 한사코 거부하는 바람에 뜻을 이루지 못했다. 하는 수 없이 공민왕은 마지막으로 익비를 김흥경과 홍윤·한안 등이 간음하도록 했고, 이후 익비는 임신을 하였다.

6. 비참한 최후

공민왕은 익비를 임신시킨 홍윤과 이 사실을 알고 있는 최만생을 없애고자 했다. 하지만 그보다 먼저 1374년 9월 21일 밤, 왕의 침전에 들어간 최만생과 홍윤 등은 술에 취해 정신없이 자는 공민왕의 온몸을 칼로 찔러 시해했다. 이때 공민왕의 나이 45세였다. 그 뒤 최만생·홍윤·한안·권진 등은 왕을 시해한 죄로 능지처참을 당하고, 그들의 나머지 친족도 모두 잡혀 유배되거나 노비가 되었다. 고려의 등불 같은 존재였던 공민왕이었지만, 그의 죽음은 이처럼 처참하고 허무했다. 공민왕의 죽음과 함께 고려도 서서히 멸망의 길로 접어들게 되었다.